Hannes Stubbe
Wilfried Follmann (Hrsg.)

Interventionen in der Angewandten Psychologie

Festschrift zum 60. Geburtstag von Egon Stephan

Berichte aus der Psychologie

Hannes Stubbe
Wilfried Follmann (Hrsg.)

Interventionen in der Angewandten Psychologie

Festschrift zum 60. Geburtstag von Egon Stephan

Shaker Verlag
Aachen 2004

Bibliografische Information der Deutschen Bibliothek
Die Deutsche Bibliothek verzeichnet diese Publikation in der Deutschen
Nationalbibliografie; detaillierte bibliografische Daten sind im Internet über
http://dnb.ddb.de abrufbar.

ISBN 3-8322-3072-6
ISSN 0945-0971

Shaker Verlag GmbH • Postfach 101818 • 52018 Aachen
Telefon: 02407 / 95 96 - 0 • Telefax: 02407 / 95 96 - 9
Internet: www.shaker.de • eMail: info@shaker.de

VORWORT

Mit großer Freude gratulieren wir Herrn Prof. Dr. Egon Stephan zu seinem 60. Geburtstag.

Wir, die Kolleginnen und Kollegen sowie Schülerinnen und Schüler, haben uns zusammengesetzt und eine Festschrift erstellt. Diese Festschrift soll Ausdruck unserer Anerkennung und unseres Dankes an Egon Stephan sein.

Egon Stephan hat es uns bei der Zusammenstellung der Beiträge nicht leicht gemacht. Er hat in seiner langjährigen Lehr- und Forschungstätigkeit eine so große Vielfalt an psychologischen Themen und Fragestellungen bearbeitet, dass wir Mühe hatten, wenigstens annähernd Repräsentativität in der Darstellung zu erreichen. Wir haben uns beim Titel der Festschrift für den Oberbegriff "Interventionen in der Angewandten Psychologie" entschieden. Intervention bedeutet eine zielorientierte, bewusste, beschreibbare und beobachtbare Handlung, ein Eingreifen in ein Geschehen, nämlich zu einem bestimmten Zeitpunkt einen Impuls zu geben. Dieses Eingreifen ist von Personen und vom Beziehungsgeschehen abhängig, es ist geplant und (in seinen Ergebnissen) überprüfbar.

Die Beiträge der Festschrift beginnen mit einigen Arbeiten aus dem Bereich der Physiologischen Psychologie. Ansgar Feist beschreibt den Blutdruck als eine zentrale psychophysiologische Variable. Juliane Hellhammer und Dirk Hellhammer stellen mit "Neuropattern" einen neuen Weg in der Stressdiagnostik vor. Gerhard Mutz fasst die von Egon Stephan initiierte psychophysiologische und medizintechnische Geräteentwicklung am Psychologischen Institut I der Universität zu Köln (Kölner Vitaport System) zusammen. Rolf Weiss und Gerhard Mutz zeigen Perspektiven der Telemedizin im häuslichen Bereich auf.

Thomas Raddatz beschäftigt sich in seinem Artikel aus dem Bereich Arbeits-, Betriebs- und Organisationspsychologie mit den Arbeiten Willem Mastenbroeks als Grundlage einer differenzialpsychologischen Verhandlungsforschung. Der ethnopsychologische Beitrag von Hannes Stubbe beleuchtet Psychodiagnostik in fremden Kulturen.

Die verkehrspsychologische Forschung wurde in den letzten Jahrzehnten von Egon Stephan entscheidend geprägt. Wilfried Follmann und Thomas Wittig diskutieren anhand von Ergebnissen einer Längsschnittuntersuchung zur Vorhersage von Verkehrsverstößen bei Fahranfängern die Frage, ob ein Fahrerlaubniserwerb bereits mit 17 Jahren vertretbar erscheint. Cordula Haas und Walter Hussy bewerten moderne Fahrer-Assistenz-Systeme am Beispiel intelligenter Fahrzeugbeleuchtung. Gerd Pfeiffer berichtet über wirksame Veränderungen bei alkoholauffälligen Kraftfahrern mit einst hoher Blutalkoholkonzentration (BAK).

Die einzelnen Beiträge sind Ausschnitte aus der Vielfalt der Betätigungsfelder, auf denen wir von Egon Stephan gelernt haben. Dafür danken wir ihm.

Köln, den 26.11.2003

Prof. Dr. H. Stubbe
Dr. W. Follmann

INHALTSVERZEICHNIS

DER BLUTDRUCK ALS EINE ZENTRALE PSYCHOPHYSIOLOGISCHE VARIABLE

Ansgar Feist

Geschichte der psychophysiologischen Blutdruckforschung

Die Bedeutung des Blutdrucks als eine zentrale Variable wurde sehr früh in der Geschichte der Psychophysiologie erkannt. Bereits 1929 veröffentlichte Chester W. Darrow einen Artikel über Blutdruck- und Hautwiderstandsveränderungen auf kurze sensorische und verbale Reize. Er stellte fest, dass Blutdruck und Hautwiderstand unabhängig voneinander variieren. Offenbar unterscheidet das autonome Nervensystem zwischen verschiedenen Reizen. So zeigten sich große Hautwiderstandsveränderungen und nur geringe Blutdruckveränderungen bei plötzlichem Lärm, während bei emotional belastenden Fragen, wie z.b. „Haben Sie einen Minderwertigkeitskomplex?", es zu starken Blutdruckanstiegen und nur geringen Hautwiderstandsveränderungen kam.

Eine Wiederaufnahme des Untersuchungsansatzes von Darrow zur differentiellen Veränderung des Blutdrucks in Abhängigkeit von reiz- bzw. situationsspezifischen Charakteristika erfolgte erst 1967 von John I. Lacey. In seinem einflussreichen Artikel verfolgte Lacey zunächst das Ziel, die allgemein anerkannte Aktivierungstheorie einer drastischen Revision zu unterziehen. Demnach sind Beziehungen zwischen autonomen Variablen sehr niedrig und zwischen autonomen und elektroenzephalographischen Variablen ebenfalls sehr niedrig und gehen häufig sogar gegen Null. Es wurde sogar festgestellt, dass Blutdruckanstiege zu einer Verringerung der elektrokortikalen Aktivität führen. Es ist also nicht gerechtfertigt, von einer allgemeinen Aktivierung zu sprechen.

Die von Lacey dargestellte Beziehung zwischen Blutdruck und elektrokortikalen Aktivität wurde später als Barorezeptorentheorie bekannt. Barorezeptoren sind Drucksensoren im Arteriensystem, die insbesondere in der Halsschlagader den

Blutdruck erfassen und an das Gehirn zurückmelden. Eine Dehnung der Barorezeptoren bewirkt reflektorisch eine Abnahme des Blutdrucks (Baroreflex), aber auch gleichzeitig eine Abnahme der elektrokortikalen Aktivität. So konnten BONVALLET, DELL & HIEBEL (1954) im Tierexperiment nachweisen, dass eine starke Dehnung der Barorezeptoren die Frequenz des Gehirns auf 3 bis 5 Hz herabsetzt – einer Frequenz, die gewöhnlich mit Schlaf assoziiert wird.

Lacey ging bei seinen Ausführungen zur Barozeptorentheorie davon aus, dass die Reizung der Barorezeptoren in einem funktionalen Zusammenhang mit situationsspezifischen Anforderungen steht, wobei er zwei Situationstypen unterscheidet, die auf einem Kontinuum angeordnet sind: „environmental intake" und „environmental rejection". Situationen des Typs „environmental intake" sind dadurch gekennzeichnet, dass das Individuum versucht, Reize aus seiner Umwelt optimal wahrzunehmen; in diesem Fall ist es erforderlich, dass die elektrokortikale Aktivität hoch ist. Daher kommt es zu einer Verlangsamung der Herzrate und einer Abnahme des Blutdrucks. Situationen des Typs „environmental rejection" sind dadurch gekennzeichnet, dass das Individuum versucht, Reize aus seiner Umwelt in der Wahrnehmung zu unterdrücken, um sich beispielsweise bei Rechenaufgaben auf die inneren Prozesse besser konzentrieren zu können. In diesem Fall ist es erforderlich, dass die elektrokortikale Aktivität niedrig ist; daher kommt es zu einer Erhöhung der Herzrate und einer Zunahme des Blutdrucks.

Laceys Barorezeptorentheorie war die Grundlage für eine große Anzahl an sehr unterschiedlichen Untersuchungen über die psychophysiologischen Wechselwirkungen zwischen kardiovaskulärer und elektrokortikaler Aktivität, ein Überblick findet sich bei ELBERT & SCHANDRY (1998). Hier werden z.B. Untersuchungen dargestellt, die es nahelegen, dass der hemmende Einfluß der Barorezeptoren auf das Zentralnervensystem die Entwicklung und Aufrechterhaltung essentieller Hypertonie begünstigt. So wird unter anderem berichtet, dass hypertone Probanden eine nahezu doppelt so hohe Schmerzschwelle besitzen wie Normotoniker (ZAMIR & SHUBER, 1980). Offenbar trägt ein hoher Blutdruck dazu bei, die Wahrnehmung unangenehmer Reize zu unterdrücken.

Messtechnische Schwierigkeiten bei der Erfassung des Blutdrucks

Insgesamt muß allerdings festgestellt werden, dass messtechnischen Schwierigkeiten lange Zeit eine systematische Erforschung der Beziehungen zwischen psychischem Geschehen und Blutdruck behindert haben. Bei der von DARROW (1929) eingesetzten kontinuierlichen „relativen Blutdruckmessung", bei der eine Manschette dauerhaft mit 90 mm Hg aufgepumpt bleibt, ist es nicht exakt möglich, Veränderungen des Blutdrucks zu erfassen, denn auch Veränderungen des Blutvolumens haben einen Einfluß auf die Meßwerte (SCHANDRY, 1998). Die Alternative war, nur einzelne absolute Blutdruckwerte mittels der Korotkow-Methode zu bestimmen. Allerdings ist die Bestimmung einzelner Messwerte wenig zuverlässig, und gerade die Untersuchung eines psychophysiologischen Prozesses erfordert eine kontinuierliche Blutdruckmessung.

Als einen Ausweg aus diesen messtechnischen Schwierigkeiten sah man in der Bestimmung der Pulswellenlaufzeit (pulse transit time) bzw. Pulswellengeschwindigkeit (pulse wave velocity); ein erster Artikel hierzu wurde bereits 1922 veröffentlicht (BRAMWELL & HILL). Hierbei wird die Zeit bestimmt, die eine Pulswelle benötigt, um eine bestimmte Strecke zu passieren. Zumeist wird die Zeit zwischen dem Auftreten der R-Zacke im EKG und dem Eintreffen des Pulses am Handgelenk bestimmt; dabei entspricht eine Veränderung des mittleren arteriellen Blutdrucks um 10 mm Hg einer Veränderung der Pulswellenlaufzeit um ca. 10 msec (STEPTOE, SMULYAN & GRIBBIN, 1976). Um diese sehr geringen zeitlichen Unterschiede erfassen zu können, muß mit einer sehr hohen Abtastrate der beiden Signale gearbeitet werden.

Steptoe et al. konnten moderate Zusammenhänge zwischen dem intra-arteriell gemessenen mittleren Blutdruck und der Pulswellenlaufzeit ermitteln, die Koeffizienten lagen zwischen -.45 und -.85 (Mittelwert nach Fishers Z-Transformation: r = -.62) für individuelle Meßdaten. Eine genauere Analyse des Zusammenhangs zwischen Pulswellenlaufzeit und arteriellem Blutdruck wurde von LANE, GREENSTADT, SHAPIRO & RUBINSTEIN (1983) durchgeführt. Dabei wurden insgesamt neun verschiedene Maße zur Bestimmung der Pulswellenlaufzeit eingesetzt. Insgesamt am höchsten waren die Korrelationen zwischen der Pulswellenlaufzeit, bestimmt durch die R-Zacke im EKG und dem Maximum der Pulswelle am Handgelenk und dem systolischen Blutdruck (von r = -.64 bis r = -.83; Mittelwert nach Fishers Z-Transformation: r = -.76). Deutlich niedriger waren die Zusammenhänge zwischen der Pulswellenlaufzeit und dem diastolischen (von r = .05 bis r = -.69; Mittelwert nach Fishers Z-Transformation: r = -,47), sowie dem mittleren arteriellen Blutdruck (von r = -.31 bis r = -.77; Mittelwert nach Fishers Z-Transformation: r = -.64). Da die Pulswellenlauf nur in akzeptabler Höhe mit dem systolischen Blutdruck korreliert ist und keine interindividuell vergleichbaren Werte liefert, ist ihr Nutzen insgesamt begrenzt.

Eine Methode, die die Blutdruckforschung weitaus mehr beeinflusst hat, stammt von dem tschechischen Physiologen Jan Penaz. 1967 ließ er sich ein Verfahren zur nicht-invasiven, kontinuierlichen Blutdruckmessung am Finger mittels einer aufblasbaren Manschette patentieren (zitiert nach JAIN, 1995). Die Besonderheit hierbei ist, dass in die Fingermanschette eine Leuchtdiode und ein Fotoelement eingebaut sind, die photoelektrisch kontinuierlich das Blutvolumen ermitteln (Photoplethysmographie). Durch Bestimmung des Blutvolumens ist es möglich, über einen Servomechanismus den Druck in der Manschette so zu regulieren, dass dieser dem Druck in den Arterien entspricht.

Die Penaz-Methode wurde von Wesseling und Mitarbeitern weiterentwickelt (WESSELING, 1984) und ein erstes stationäres, kommerzielles Gerät das „Finapres" gebaut. Später wurde ein tragbares Gerät - das „Portapres" (TNO-BioMedical Instrumentation; Amsterdam, Niederlande) - entwickelt. Damit war es erstmals überhaupt möglich, eine für den Probanden relativ angenehme Erfassung des kontinuierlichen Blutdrucks auch über 24 Stunden durchzuführen. Die

4

grundsätzliche Tauglichkeit des „Portapres" zur Erfassung des arteriellen Blutdrucks wurde in einer Studie von Imholz et al. (1993) überprüft. In dieser Studie wurden 24 Stunden dauernde ambulante Messungen des Blutdrucks mittels des „Portapres" und intra-arteriell am Arm (Arteria brachialis) bei 22 Probanden miteinander verglichen. Die interindividuellen Mittelwerte des systolischen Blutdrucks gemessen mit dem „Portapres" lagen durchschnittlich 0.7 mm Hg höher als die intra-arteriell gemessenen Werte, der Unterschied erwies sich jedoch nicht als signifikant. Hingegen lagen die diastolischen und mittleren arteriellen Blutdruckwerte signifikant unter den intraarteriell gemessenen (-8.0 und -10.3 mm Hg). Diese Ergebnisse sind in erster Linie darauf zurückzuführen, dass der Blutdruck an zwei ca. 45 cm auseinanderliegenden Stellen gemessen wurde. So ist bekannt, dass der systolische Blutdruck zur Körperperipherie hin zunimmt, während mittlerer und diastolischer Blutdruck abnehmen (vgl. BUSSE, 1995). Diese systematischen Niveauunterschiede haben jedoch kaum einen Einfluss auf den Verlauf der Blutdruckwerte, wie den von IMHOLZ ET AL. (1993) präsentierten Graphiken zu entnehmen ist. Gleichlautende Ergebnisse ermittelten auch PORTER, O'BRIEN, KIEFERT & KNUPPEL (1991); sie konnten Zusammenhänge zwischen intra-arteriell und mit der Penaz-Methode gemessenem Blutdruck in Höhe von r = .80 (systolischer Blutdruck) und r = .84 (diastolischer Blutdruck) ermitteln.

Noch höhere Zusammenhänge mit dem intra-arteriell gemessenen Blutdruck als die Penaz-Methode sind für die relativ neuen Geräte des Herstellers Colin Electronics (Komaki, Japan) ermittelt worden. Bei den Geräten von Colin ist es ebenfalls möglich, kontinuierlich und nicht-invasiv den Blutdruck zu ermitteln. Dabei wird mittels einer Reihe von piezoelektrischen Sensoren tonometrisch der Blutdruck am Handgelenk gemessen. Zuvor werden die Messwerte mittels einer Oberarmmanschette kalibriert. Hier liegen die Zusammenhänge zwischen dem intra-arteriell und dem tonometrisch gemessenen Blutdrucks zwischen r = .96 und r = .98 für den systolischen Blutdruch und zwischen r = .96 und r = .99 für den diastolischen Blutdruck (Sato et al., 1993). In dieser Untersuchung an 20 Normotonikern und 10 Hypertonikern wurden mit dem Messgerät „JENTOW" alle 5 Minuten eine Kalibrierung der Messwerte mit der Oberarmmanschette durchgeführt. Diese relativ häufige Prozedur scheint auch erforderlich zu sein, denn in einer Untersuchung von STEINER ET AL. (2003), in der mit dem Meßgerät „CBM-7000" in der Intensivmedizin bei 16 Patienten alle 10 Minuten eine Kalibrierung durchgeführt wurde, wurden erhebliche intra-individuelle Abweichungen zwischen dem intra-arteriell und dem tonometrisch gemessenen Blutdruck festgestellt. Korrelationen wurden zwar nicht berechnet, aber die großen Abweichungen lassen vermuten, dass diese gering ausfallen müssten.

Der Vorteil dieser tonometrischen Geräte gegenüber der Penaz-Methode ist neben der höheren Genauigkeit (bei häufiger Kalibrierung) und dem niedrigeren Preis vor allem die Unempfindlichkeit gegenüber verengten Fingerarterien (Vasokonstriktion), welche zu Messausfällen führen können - Nachteile hingegen sind, dass keine portablen Modelle zur Verfügung stehen, die Anfälligkeit der Messung für Bewegungsartefakte und die relativ häufig durchzuführende Kalibrierung mittels Oberarmmanschette, welches die Einsetzbarkeit erheblich einschränkt.

Bestimmung von Dimensionen des emotionalen Erlebens, die mit dem Blutdruck in Beziehung stehen können

Interessant ist, diese modernen Methoden zur kontinuierlichen nicht-invasiven Blutdruckmesung zu nutzen, um psychophysiologische Zusammenhänge besser zu untersuchen. Dies geschah in einer medienpsychologischen Untersuchung zur emotionalen Wirkung von Fernsehtalkshows (FEIST, 2000); hier wurde das „Portapres Model 2" eingesetzt. Ziel dieser Untersuchung war es u.a., die Dimensionen des emotionalen Erlebens zu bestimmen und Zusammenhänge mit kardiovaskulären Variablen zu berechnen. Eine eigene Bestimmung der Dimensionen des emotionalen Erlebens erschien notwendig, da es in der Literatur wenig Evidenz für die Angemessenheit eines bestimmten dimensionalen Systems gibt.

Während es in der psychologischen Forschung zunächst dreidimensionale Systeme gab (WUNDT, 1913; SCHLOSBERG, 1954; OSGOOD, 1966), überwiegen in der heutigen Forschung vor allem zweidimensionale Systeme (RUSSELL, 1980; WATSON & TELLEGEN, 1985). Wundt beschreibt die Dimensionen „Lust versus Unlust", „Erregung versus Beruhigung" sowie „Spannung versus Lösung", wobei die Dimension „Spannung versus Lösung" in der Definition Wundts insbesondere durch Aufmerksamkeitsprozesse gekennzeichnet ist. Eine sehr ähnliche Struktur weist das emotionale System von Schlosberg auf. Seine Dimension „pleasantness-unpleasantness" lässt sich unschwer als Wundts Dimension „Lust-Unlust" erkennen, ebenso erkennbar identisch ist Schlosbergs Dimension „level of activation" mit Wundts Dimension „Erregung-Beruhigung". Schlosbergs Dimension „attention-rejection" schließlich nimmt wie auch Wundt bei seiner Dimension „Spannung-Lösung" auf Aufmersamkeitsprozesse Bezug. Den Gegenpol zu „Spannung" stellt bei SCHLOSBERG jedoch nicht „Lösung", sondern „rejection" dar; die Polarität wird folgendermaßen definiert (1952, S. 230):

"Attention is exemplified by surprise, in which all receptors are maximally open to stimulation. Rejection is the best term we have found for the other end of the axis; it is shown most clearly in contempt and disgust, in which eyes and nostrils appear to be actively shutting out stimulation"

Diese Definition einer Emotionsdimension weist eine hohe Übereinstimmung mit dem Konzept LACEYS (1967) von dem Kontinuum „environmental intake" versus „environmental rejection" auf, auch hier ist die entscheidende Komponente die Regulation der Informationsaufnahme. Das System Schlosbergs wurde von OSGOOD (1966) in einer faktoranalytischen Auswertung von live dargebotenen Gesichtsausdrücken bestätigt. Allerdings interpretierte OSGOOD (1969) seine Befunde im Sinne der Dimensionen des von ihm mitentwickelten semantischen Differentials zur Beschreibung von Objekten (OSGOOD, SUCI & TANNENBAUM, 1957), wobei eine Entsprechung der Dimension „evaluation" mit „pleasantness-unpleasantness" sowie der Dimension „activity" mit „level of activation" relativ unproblematisch erscheint.

Nicht nachvollziehbar ist allerdings die Gleichsetzung von „attention-rejection" mit „potency", denn der Dimension „potency" fehlt jeder Bezug zu Prozessen der Regulation der Informationsaufnahme. Dennoch wurde Osgoods Meinung allgemein akzeptiert und führte in Folge dazu, dass Fragebögen speziell zur Erfassung dieser Dimensionen konstruiert wurden (MEHRABIAN & RUSSELL, 1974). Allerdings musste RUSSELL (1979) später feststellen, dass die Potenz- bzw. Dominanzdimension des semantischen Differentials im emotionalen Erleben nicht existiert, wohl aber die Dimensionen „Lust-Unlust" und „Erregung". Jedoch war zu diesem Zeitpunkt die ursprünglich inhaltliche Bedeutung der Dimension „attention-rejection" in Vergessenheit geraten.

Eine Modifikation des zweidimensionalen Modells der Emotionen erfolgte 1985 durch WATSON & TELLEGEN. In faktoranalytischen Studien kamen sie zu dem Ergebnis, dass angenehme und unangenehme Emotionen meist mit Erregung verbunden und unabhängig voneinander sind. Im Prinzip handelt es sich bei den von ihnen vorgeschlagenen Dimensionen „Positive Affektivität" und „Negative Affektivität" um eine 45 Grad Rotation der bereits von Wundt und Schlosberg genannten Faktoren „Lust-Unlust" und „Erregung". Zunächst erscheint es kontraintuitiv, dass jemand sich gleichzeitig „freudig erregt" und „verärgert" fühlen kann. Dennoch, auch die faktoranalytischen Ergebnisse zu einer deutschen Skala (KROHNE, EGLOFF, KOHLMANN & TAUSCH, 1996) zur Erfassung dieser Faktoren sprechen für die Unabhängigkeit. Das System von Watson und Tellegen ist vermutlich zur Zeit das am meisten verwendete Modell, um Emotionen dimensional zu beschreiben. Allerdings ist es mehr als fraglich, ob zwei Faktoren tatsächlich ausreichen, die große Vielfalt an emotionalen Zuständen angemessen abzubilden, zumal nicht einmal die Hälfte der Varianz der Ausgangsitems (KROHNE ET AL., 1996) durch die zwei Faktoren aufgeklärt wird.

Grundlage für die eigene Faktorenanalyse (FEIST, 2000) waren insgesamt 23 Items, wobei 20 dieser Items nach den Kriterien Häufigkeit der Nennung und Verständlichkeit aus einer Sammlung von 190 Adjektiven ausgewählt wurden. Diese Adjektive hatten 80 Studierende verschiedener Fachbereiche als relevant für das emotionale Erleben von Fernsehtalksshows erachtet. Auffallend ist hierbei, dass 11 dieser Items in erster Linie eine Bewertung des Stimulusmaterials beinhalten und weniger typisch sind für die Einschätzung des eigenen emotionalen Erlebens; dennoch wurden diese Items als bedeutsam für die Beschreibung der emotionalen Wirkung von Fernsehtalkshows erachtet. Offenbar ist es einfacher, Adjektive für die Beschreibung eines Reizes zu finden, der Emotionen auslöst, als die Emotion selbst zu beschreiben; dies gilt vermutlich insbesondere für die Dimension „attention-rejection". Möglicherweise ist dies auch ein Grund dafür, dass diese Dimension bei Faktorenanalysen von emotionalen Erlebnisbeschreibungen nicht in Erscheinung tritt, wohl aber wenn der emotionale Gesichtsausdruck untersucht wird.

Zusätzlich zu diesen 20 Items wurden noch die von LANG (1980) entwickelten „Self-Assessment-Manikin" (SAM) eingesetzt. Mit diesem Messverfahren sollten die drei von OSGOOD (1969) postulierten Dimensionen des emotionalen Erlebens mit jeweils einer Reihe von fünf Piktogrammen erfasst werden. Die SAM gelten als reliabel und valide (HAMM & VAITL, 1993). Der Einsatz der SAM sollte Klarheit über die Brauchbarkeit des Systems von Osgood für die Beschreibung des emotionalen Erlebens bringen, da das System Osgoods auch heute noch Verwendung findet.

Das Stimulusmaterial für diese Untersuchung waren 30 Ausschnitte aus Fernsehtalkshows, die thematisch eine große Bandbreite abdeckten. An der Untersuchung nahmen insgesamt 240 Probanden im Alter von 15 bis 70 Jahren teil. Die Stichprobe bestand zu gleichen Teilen aus Frauen und Männern. 48 Probanden sahen jeweils sechs Sequenzen. Diese Gruppen unterschieden sich nicht in ihren Ausgangswerten hinsichtlich der physiologischen Werte und emotionalen Einschätzungen. Die 23 Items wurden für jede Sequenz gemittelt und diese Mittelwerte einer Faktorenanalyse unterzogen. Es ergaben sich drei varianzstarke Faktoren (siehe Tabelle 1).

Der erste Faktor lässt sich als „Lust-Unlust-Dimension" beschreiben, denn hier lädt besonders hoch das entsprechende Item der SAM. Ebenfalls sehr hoch laden die emotionalen Einschätzungen „hat mich erfreut" und „hat mich traurig gemacht", aber auch die Bewertung des Reizmaterials als „unterhaltsam". Bei dem zweiten Faktor finden sich vor allen die Beschreibungen des Reizmaterials: auf dem einen Pol „peinlich", „übertrieben", „gestellt" und auf dem anderen Pol „interessant" und „informativ".

Tabelle 1: Ladungen der Items bei der Drei-Faktorenlösung, sortiert nach Größe.

	Lust-Unlust	Regulation der Informations- aufnahme	Erregung	h^2
unterhaltsam	**-.95**	.09	.11	.93
amüsiert	**-.90**	.35	-.08	.94
erfreut	**-.87**	.18	-.07	.80
unangenehm (SAM)	**.86**	-.05	.30	.83
traurig	**.84**	.02	.44	.90
stark (SAM)	**-.81**	.30	-.17	.78
nahegegangen	**.77**	-.10	.53	.88
beunruhigt	**.71**	-.37	.50	.89
rührend	.56	.36	.24	.50
peinlich	-.07	**.96**	.11	.94
übertrieben	-.18	**.89**	.13	.84
gestellt	-.23	**.84**	.00	.76
informativ	.35	**-.82**	.29	.88
zu weit gegangen	.38	**.79**	.29	.85
oberflächlich	-.47	**.78**	-.14	.85
interessant	.24	**-.73**	.58	.93
neugierig gemacht	-.03	**-.73**	.37	.67
anspruchsvoll	.58	**-.62**	.43	.91
spannend	.07	-.15	**.87**	.78
ruhig (SAM)	-.32	-.13	**-.86**	.86
gelangweilt	-.12	.20	**-.85**	.78
außergewöhnlich	.15	.05	**.72**	.54
geärgert	.36	.42	.51	.57
Varianzanteil der jeweiligen Faktoren in Prozent	31.5%	28.6%	20.8%	

Faktorladungen > 0.6 sind fett dargestellt.

Allerdings finden sich auch hier emotionale Erlebensbeschreibungen: „hat mich neugierig gemacht" und „ist mir zu weit gegangen". Der eine Pol ist also gekennzeichnet durch Prozesse der Aufnahme von Informationen, während der andere Pol gekennzeichnet ist durch eine Abwehr von Informationen des Stimulusmaterials. Im Prinzip entspricht dieser Faktor damit der Definition des Faktors „attention-rejection" Schlosbergs bzw. der dem vom Lacey beschriebenen Kontinuum „environmental intake" versus „environmental rejection". Als deutschen Namen für diesen Faktor könnte man wählen „Regulation der Informationsaufnahme". Sollte dieser Faktor tatsächlich dem von Lacey beschriebenen Kontinuum entsprechen, so müssten sich dann auch starke Zusammenhänge mit dem Blutdruck zeigen. Der dritte Faktor lässt sich schließlich als „Erregungs-Dimension" beschreiben, denn er ist durch die hohe Ladung des entsprechenden Items der SAM gekennzeichnet. Es finden sich aber hier auch Beschreibungen des Stimulusmaterials: auf dem einen Pol „langweilig" und auf dem anderen „spannend".

Zusammenfassend läßt sich festhalten, dass das dreidimensioale System Schlosbergs repliziert werden konnte. Für die Annahme eines eigenständigen Faktors „Dominanz" bzw. „control", wie es Osgood vorgeschlagen hatte, ließen sich keine Anhaltspunkte finden, außerdem verweist die geringe Ladung des entsprechenden SAM-Items auf dem Faktor „attention-rejection" bzw. „Regulation der Informationsaufnahme", dass es sich hier um völlig verschiedene Konstrukte handelt. Das Item „Dominanz" der SAM scheint insbesondere durch die Dimension „Lust-Unlust" gekennzeichnet zu sein.

Zusammenhänge zwischen dem Blutdruck und Dimensionen des emotionalen Erlebens

Wie bereits dargestellt wurde die Blutdruckkurve kontinuierlich mit dem „Portapres" während der Talkshowsequenzen erfasst und mit dem Kölner Vitaport System (JAIN, MARTENS, MUTZ, WEIß & STEPHAN, 1996) aufgezeichnet. Diese aufgezeichneten Blutdruckkurven wurden dann mit dem Computerprogramm „FAST-mf/cZ-system" von WESSELING (1993) analysiert. Dieses Programm bietet nicht nur die Möglichkeit, den systolischen, diastolischen und mittleren arteriellen Blutdruck und die Herzrate zu bestimmen, sondern auch näherungsweise die Variablen: Herzschlagvolumen, Herzminutenvolumen, linksventrikuläre Austreibungszeit und peripheren Widerstand. Für alle diese Variablen wurden Mittelwerte bestimmt und mit den Faktorwerten der drei Dimensionen des emotionalen Erlebens Korrelationen berechnet.

Es ergaben sich keine signifikanten Zusammenhänge zwischen den physiologischen Variablen und dem Faktor „Lust-Unlust". Hingegen korreliert der Faktor „Regulation der Informationsaufnahme" signifikant mit dem systolischen (r = .57; p < .01) und dem mittleren arteriellen Blutdruck (r =. 45; p <.05): bei Talkshowsequenzen, bei denen Informationen aufgenommen werden, ist der Blutdruck niedrig und bei Talkshowsequenzen, bei denen Informationen abgewehrt werden, ist der Blutdruck hoch. Dies entspricht genau den Annahmen Laceys für sein Kontinuum „environmental intake" versus „environmental rejection". Es darf also angenommen werden, dass Laceys Kontinuum eine Dimension des emotionalen Erlebens darstellt, welche bereits zuvor von Schlosberg als „attention-rejection" bezeichnet worden war.

Mit dem Faktor „Erregung" korrelierte nur der systolische Blutdruck und dies auch nur relativ gering (r = .36; p < .05). Damit sind die Analysen der kardiovaskulären Variablen noch nicht abgeschlossen. Es ist geplant, noch Frequenzanalysen durchzuführen, um zu klären in wieweit parasympathische und sympathische Anteile mit den Dimensionen korrelieren. Es erscheint denkbar, dass die Dimenson „Lust-Unlust" mit der parasympathischen Aktivität korreliert ist, denn in einer Untersuchung von MCCRATY ET AL. (1995) zeigte sich in der Frequenzanalyse der Herzrate bei einer angenehmen Emotion eine deutliche Zunahme der parasympathischen Aktivität.

Der relativ spezifische Zusammenhang zwischen der Dimension „Regulation der Informationsaufnahme" und dem systolischen Blutdruck, der vermutlich auf die Wirkung der Barorezeptoren auf die elektrokortikale Aktivität zurückzuführen ist, ist ein wichtiger Baustein zur Bestimmung des emotionalen Zustandes aus physiologischen Messreihen. Für die beiden anderen Dimensionen des emotionalen Erlebens „Lust-Unlust" und „Erregung" wurden in anderen Untersuchungen ebenfalls relativ spezifische physiologische Variablen gefunden. So ermittelten HAMM & VAITL (1993) eine Korrelation von r = -0.93 für den Zusammenhang zwischen der Aktivität des Corrugator-Muskels und der Dimension „Lust-

Unlust". Bei angenehmen Reizen ist die Aktivität dieses Gesichtsmuskels verringert und bei unangenehmen Reizen erhöht. Natürlich ist die Corrugator-Aktivität nicht frei von willkürlichen Einflüssen, was einen Nachteil darstellt. Als Alternative hierzu könnte die Modulation der Schreckreaktion durch emotionale Prozesse dienen, allerdings wäre dann keine kontinuierliche Messung möglich. Die Dimension „Erregung" korreliert linear in der Untersuchung von Hamm und Vaitl mit der Amplitude der phasischen Hautleitfähigkeitsreaktion in Höhe von r = .89 − bei erregenden Reizen ist die Amplitude der Hautleitfähigkeitsreaktion höher.

Abschließend sei bemerkt, dass die in der Arbeit von FEIST (2000) ermittelten drei Dimensionen des emotionalen Erlebens über 80% der Varianz der Ausgangsitems aufklären, also die wesentlichen Aspekte des emotionalen Geschehens abbilden. Durch die deutliche Beziehung des systolischen Blutdrucks mit der Dimension „Regulation der Informationsaufnahme" konnte diese validiert werden. Da von den kardiovaskulären Variablen nur der systolische Blutdruck signifikante Beziehungen mit den emotionalen Variablen aufwies, erscheint es denkbar, anstelle des Penaz-Methode die Pulswellenlaufzeit zur Messung des systolischen Blutdrucks einzusetzen, zumal sich die Validitätskoeffizienten von beiden Methoden kaum unterscheiden. Die relativ hohen Abtastraten für die genaue Bestimmung der Pulswellenlaufzeit von mindestens 1000 Hz für das EKG und die Pulswelle sind mit den neuen physiologischen Messgeräten (Varioport-Serie) problemlos möglich (STEPHAN, MUTZ, FEIST & WEISS, 2001). Ebenfalls mit dem Varioport könnten dann noch die Corrugator-Aktivität und die Hautleitfähigkeit erfasst werden. Damit wären dann für die drei Dimensionen des emotionalen Erlebens auch drei relativ spezifische psychophysiologische Variablen mit einem Messgerät erfassbar.

Literatur:

Bonvallet, M., Dell, P. & Hiebel, G. (1954). Tonus sympathique et activite electrique corticale. *Electroencephalography and Clinical Neurophysiology*, *6*, 119-144.

Bramwell, J. C. & Hill, A. V. (1922). The velocity of pulsewave in man. *Proceedings of the Royal Society, London, Ser. B.*, *93*, 298-306.

Busse, R. (1995). Gefäßsystem und Kreislaufregulation. In R. F. Schmidt & G. Thews (Hrsg.), *Physiologie des Menschen (26. Aufl.)* (S. 472-497). Berlin: Springer.

Darrow, C. W. (1929). Electrical and circulatory responses to brief sensory and ideational stimuli. *Journal of Experimental Psychology*, *12*, 267-300.

Elbert, T. & Schandry, R. (1998). Herz und Hirn. Psychophysiologische Wechselwirkungen. In F. Rösler (Hrsg.), *Ergebnisse und Anwendungen der Psychophysiologie* (Enzyklopädie der Psychologie, Band 5, S. 427-477). Göttingen: Hogrefe.

Feist, A. (2000). *Emotionale Wirkungen von Fernsehtalkshows*. Aachen: Shaker Verlag.

Hamm, H. O. & Vaitl, D. (1993). Emotionsinduktion durch visuelle Reize: Validierung einer Stimulationsmethode auf drei Reaktionsebenen. *Psychologische Rundschau*, *44*, 143-161.

Imholz, B. P. M., Langewouters, G. J., van Montfrans, G. A., Parati, G., van Goudoever, J., Wesseling, K. H., Wieling, W. & Mancia, G. (1993). Feasibility of ambulatory, continuous 24-hour finger arterial pressure recording. *Hypertension*, *21*, 65-73.

Jain, A. (1995). *Kardiovaskuläre Reaktivität im Labor und im Feld: eine komparative Studie zur Aussagekraft kardiovaskulärer Reaktivitätsparameter unter Feldbedingungen*. Münster: Waxmann.

15

Jain, A., Martens, W. L. J., Mutz, G., Weiß, R. K. & Stephan, E. (1996). Towards a comprehensive technology for recording and analysis of multiple physiological parameters within their behavioral and environmental context. In J. Fahrenberg & M. Myrtek (Eds.), *Ambulatory Assessment: computer-assisted psychological and psychophysiological methods in monitoring and field studies* (pp. 215-235). Seattle: Hogrefe & Huber Publishers.

Krohne, H. W., Egloff, B., Kohlmann, C.-W. & Tausch, A. (1996). Untersuchungen mit einer deutschen Version der „Positive and Negative Affect Schedule" (PANAS). *Diagnostica, 42 (2)*, 139-156.

Lacey, J. I. (1967). Somatic response patterning and stress: some revisions of activation theory. In M. H. Appley & R. Trumbull (Eds.), *Psychological Stress* (pp. 14 -36). New York: Appleton.

Lane, J. D., Greenstadt, L., Shapiro, D. & Rubinstein, E. (1983). Pulse transit time and blood pressure: an intensive analysis. *Psychophysiology, 20 (1)*, 45-49.

Lang, P. J. (1980). Behavioral treatment and bio-behavioral assessment: Computer applications. In J. B. Sidowsky, J. H. Johnson & T. A. Williams (Eds.), *Technology in mental health care delivery systems* (pp. 119-137). Norwood, NJ: Ablex.

McCraty, R., Atkinson, M., Tiller, W., Rein, G. & Watkins, A. D. (1995). The effects of emotions on short-term power spectrum analysis of heart rate variability. *The American Journal of Cardiology, 76*, 1089-1093.

Mehrabian, A. & Russell, J.A. (1974). *An approach to enviromental psychology.* Cambridge, MA: MIT Press.

Osgood, C. E. (1966). Dimensionality of the semantic space for communication via facial expressions. *Scandinavian Journal of Psychology, 7*, 1-30.

Osgood, C. E. (1969). On the why and wherefore of E, P, and A. *Journal of Personality and Social Psychology, 12,* 194-199.

Osgood, C. E., Suci, G. J. & Tannenbaum, P. H. (1957). *The measurement of meaning.* Urbana: University of Illinois Press.

Porter, K. B., O'Brien, W. F., Kiefert, V.& Knuppel, R. A. (1991). Finapres: A noninvasive device to monitor blood pressure. *Obstetrics and Gynecology, 78,* 430-433.

Russell, J. A. (1979). Affective space is bipolar. *Journal of Personality and Social Psychology, 37,* 345-356.

Russell, J. A. (1980). A circumplex model of affect. *Journal of Personality and Social Psychology, 39,* 1161-1178.

Sato, T., Nishinaga, M., Kawamoto, A., Ozawa, T. & Takatsuji, H. (1993). Accuracy of a continuous blood pressure monitor based on arterial tonometry. *Hypertension, 21,* 866-874.

Schandry, R. (1998). *Lehrbuch Psychophysiologie.* Weinheim: Psychologie Verlags Union.

Schlosberg, H. (1952). The description of facial expressions in terms of two dimensions. *Journal of Experimental Psychology, 44,* 229-237.

Schlosberg, H. (1954). Three dimensions of emotion. *Psychological Review, 61,* 81-88.

Steiner, L. A., Johnston, A. J., Salvador, R., Czosnyka, M. & Menon, D. K. (2003).Validation of a tonometric noninvasive arterial blood pressure monitor in the intensive care setting. *Anaesthesia, 58,* 448-454.

Stephan, E., Mutz, G., Feist, A. & Weiss, R. K. (2001). Some new developments in ambulatory assessment devices. In Fahrenberg & M. Myrtek (Eds.), *Progress in ambulatory assessment: computer-assisted psychological and psychophysiological methods in monitoring and field studies* (pp. 561-568). Seattle: Hogrefe & Huber Publishers.

Steptoe, A., Smulyan, H. & Gribbin, B. (1976). Pulse Wave Velocity and Blood Pressure Change: Calibration and Applications. *Psychophysiology*, *13*, 488-493.

Watson, D. & Tellegen, A. (1985). Toward a consensual structure of mood. *Psychological Bulletin*, *98*, 219-235.

Wesseling, K. H. (1984). Non-invasive continuous blood pressure wave from measurement by the method of Penaz. *Scripta Medica*, *57*, 321-334.

Wesseling, K. H. (1993). *The FAST-mf/-cZ system. User Manual.* Amsterdam: TNO-BioMedical Instrumentation.

Wundt, W. (1913). *Grundriss der Psychologie (11. Auflage).* Leipzig: Alfred Kröner Verlag.

Zamir, N. & Shuber, E. (1980). Altered pain perception in hypertensive humans. *Brain Research*, *201*, 471-474.

EIN NEUER WEG IN DER STRESSDIAGNOSTIK: NEUROPATTERN

Juliane Hellhammer und Dirk Hellhammer

Grenzen der traditionellen Stressdiagnostik

Die Analysen zu stressbezogenen Gesundheitsstörungen basieren in aller Regel auf psychologischen Stressmodellen. Es werden daher Intensität und Ausmaß von Belastungen, Bewertungsprozesse, sowie kognitive, emotionale und Verhaltensreaktionen untersucht. Es folgen Problem- und Bedingungsanalysen, bei denen Konzepte verknüpft werden und man davon ausgeht, dass in Abhängigkeit von diesen Prozessen die psychischen und körperlichen Symptome erklärt werden können. Präventions- und Interventionsstrategien werden auf der Basis dieser Analysen dann entwickelt.

Dieses Vorgehen reicht ganz offensichtlich nicht. Unsere Arbeitsgruppe findet immer wieder wenig Übereinstimmung in Laboruntersuchungen am Menschen zwischen psychischen und physiologischen Stressreaktionen; solche Beobachtungen sind als Kovarianzproblem in der psychologischen Literatur bekannt, wie die folgenden Zitate verdeutlichen:

"I think the experiments show that electroencephalographic, autonomic, motor, and other behavioral systems are imperfectly coupled, complexly interacting systems. Indeed, I think the evidence shows that electrocortical arousal, autonomic arousal, and behavioral arousal may be considered to be different forms of arousal, each complex in itself." (LACEY, 1967, S. 15-16)

„Statt der erwarteten Konvergenz zwischen psychologischen (introspektiven, verbalen) Daten und physiologischen Messungen ergaben sich empirisch in der Regel insignifikante oder nur geringe Korrelationen. Diese Divergenz der Be-

schreibungsebenen verlangt die Revision theoretischer Konzepte und eine konsequente multimodale Diagnostik und Evaluation." (FAHRENBERG, 2000).

Es muss daher angenommen werden, dass die Annahme, Stresssymptome stets als Folge von Erleben und Verhalten zu verstehen, grundsätzlich falsch ist. Grund für die zu beobachtende Dissoziation der psychischen und physiologischen Stressreaktion ist, dass die zentralnervöse Verarbeitung in unterschiedlichen Hirnarealen verläuft. Zwar gibt es hier auch bidirektionale Einflüsse, denen aber nur relativ geringe Bedeutung zuzukommen scheint. Ein weiterer häufiger Fehler traditioneller Stresskonzepte ist die Annahme, dass die Stressreaktion sozusagen nur von „oben nach unten", als vom Zentralen Nervensystem zum Körper verläuft. Vorliegende Forschungsergebnisse zeigen aber ganz eindeutig, dass periphere körperliche Ereignisse ganz maßgeblich jene Hirnareale beeinflussen können, welche an der Stressverarbeitung beteiligt sind.

Viele neue Erkenntnisse in den Neurowissenschaften verändert unser Verständ-

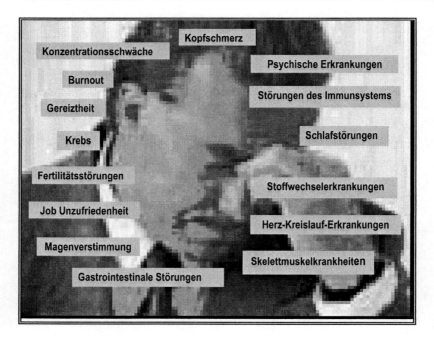

nis der psychischen und somatischen Stressreaktion grundsätzlich. So versuchen zur Zeit in der „International Society for Psychoneuroendocrinology" (ISPNE) 35 international führende Grundlagenforscher und Kliniker dieses Wissen so zu fassen, dass es klinisch nutzbar gemacht werden kann. In wenigen Jahren will die Fachgesellschaft jährlich die „ISPNE recommendations and guidelines for clinical research and practice" herausgeben, ein Leitfaden für Praktiker mit neuen abgesicherten Erkenntnissen. Derartige Leitfäden sind notwendig, um die notwendigen Handlungskompetenzen zu vermitteln. Denn bis heute ist dieses Wissen in der Praxis gänzlich unbekannt: Immer noch erfolgt die Diagnostik psychischer und psychosomatischer Störungen im Rahmen traditioneller Kenntnisse, so dass zum Beispiel mangels konkreter Befunde oder mangels besseren Wissens unerklärbare Störungen als Somatisierungsstörung diagnostiziert werden.

Das Dogma der modernen Stressforschung: Komplexität und Heterogenität

Die klinische Diagnostik zeigt, dass bei jedem Patient eine äußerst spezifische Konstellation genetischer, psychischer und organischer Krankheitsdeterminanten vorliegen, und dass wir nur unter Berücksichtigung all dieser Aspekte ein konkretes Modell zu individuellen krankheitsrelevanter Mechanismen entwickeln können. Ob sich etwa eine bestimmte Verhaltenseigenschaft krankheitsfördernd auswirkt oder nur zusammenhanglos koexistiert hängt im Wesentlichen davon ab, ob die betroffenen individuellen neurobiologischen und peripheren Systeme überhaupt physiologisch zusammenwirken können, und ob dieses Zusammenspiel pathologisch bedeutsam werden kann. Aufgrund der enormen *Komplexität* der Interaktion aller betroffenen Faktoren treten zahlreiche individuell unterschiedliche Konstellationen auf, welche die große *Heterogenität* des Patientenguts erklären.

Angesichts dieser Situation scheint es auf den ersten Blick unmöglich zu sein, ein Diagnosesystem zu entwickeln, welches der stets vorhandenen Komplexität und Heterogenität Rechnung trägt. Diese wäre bestenfalls dann denkbar, wenn wir den gläsernen Patient hätten und dessen individuellen zentralnervösen und organischen Reaktionsmuster beobachten könnten. Noch fehlen uns allerdings die dazu notwendigen Methoden, so dass wir nach anderen Lösungen suchen müssen.

Die Messung von Neuropattern

An der Universität Trier haben wir den Versuch unternommen, den hier genannten Anforderungen näher zu kommen. Wir haben dabei zunächst eine umfassende Analyse vorhandener Forschungsbefunde vorgenommen. Wir haben uns dabei nur auf die neurobiologischen Schnittstellen konzentriert, über welche die Kommunikation zwischen Zentralem Nervensystem und Körperorganen bei Stress abläuft. Uns interessierte dabei nicht, wie die vielfältigen Prozesse, die

bei Stress ausgelöst werden, letztendlich diese Schnittstellen beeinflussen. Vielmehr geht es uns ausschließlich um die Frage, wie sich Veränderungen der Schnittstellen als psychologische und biologische Merkmale, sowie psychische und körperliche Symptome darstellen. Dabei zeigte sich, dass wir auf bisherigem Kenntnisstand 24 spezifische (neuro)physiologische Veränderungen beschreiben können, welche grundsätzlich in Folge von Stress auftreten können.

Jede dieser Veränderungen ist darstellbar als spezifisches Muster (Neuropattern) psychologischer, biologischer und symptomatologischer Variablen. Im nächsten Schritt konnten wir zeigen, dass 20 dieser Neuropattern relativ genau erfasst werden können. Zu diesem Zweck ist es notwendig, für jedes Neuropattern die zugeordneten Variablen zu erheben.

Zu diesem Zweck setzen wir das von uns entwickelte **Stress Diagnostic Kit (SDK)** ein. Es beinhaltet

- einen Arztfragebogen NPQ-A (NeuroPatternQuestionnaire - Anamnesebogen) mit einigen Daten der Krankheitsgeschichte und Ergebnisse der ärztlichen Untersuchung, e.g. Waist-Hip-Ratio, systolischer u. diastolischer Blutdruck sowie Cholesterin, HDL, HbA 1c, DHEA-S, Fibrinogen, C-reaktives Protein, Interleukin 6, Albumin, Adrenalin und Noradrenalin;

- ein 2-tägiges **Cortisoltagesprofil** mit jeweils acht Messungen; bestimmt wird das freie Cortisol aus Speichelproben, die der Patient im heimischen Umfeld oder am Arbeitsplatz nach vorgegebenem Protokoll sammelt. Nach dem ersten Tag sollte abends eine Tablette Dexamethason (0,25 mg oder 0,5 mg) eingenommen werden, um die Feedback-Sensitivität der Hypophysen-Nebennirenrinden-Achse am nächsten Tag zu testen;

- zwei **Patientenfragebögen NPQ-B und NPQ-P** (NeuroPatternQuestionnaire - Beschwerdebogen und - Patientenfragebogen) zur Erfassung von allgemeinen Symptomen, reaktiven Symptomen, psychologischen *Trait*- und *State*-Merkmalen, prä- und postnatalen Einflüssen, chronischem Stress und Depression.

Für jedes dieser individuellen Symptommuster sind bei Neuropattern die Variablen von vornherein nach *Muss-, Soll* und *Kann-Kriterien* definiert. Entsprechend wird der Variablenpool nach der Datenerhebung untersucht. Sind die Muss- und Sollkriterien erfüllt, so hat sich der Patient für das entsprechende Neuropattern qualifiziert, über den kumulierten Wert der Kann-Kriterien ergibt sich die individuelle Ausprägung dieses Patterns. Schließlich zeigte sich, dass nach Anwendung des Diagnosesystems für jeden Patienten recht genau gesagt werden kann, ob er sich für eines oder mehrerer dieser Neuropattern qualifiziert hat. Diese Konstellation ist in der Regel sehr individuell und erlaubt eine präzise Indikationsstellung für notwendige präventive und therapeutische Maßnahmen.

Die praktische Durchführung der Neuropattern Diagnose ist unkompliziert, die angemessene Interpretation der Ergebnisse erfordert allerdings eine Schulung oder Hilfe, die extern angeboten wird (nähere Informationen: www.neuropattern.com).

Bisherige Erfahrungen

Dieses Diagnosesystem zeigt nach unseren bisherigen Erfahrungen beträchtliche Vorteile. Es erlaubt sehr konkrete Vorstellungen zu krankheitsrelevanten Mechanismen. Da das Diagnosesystem neurophysiologisch orientiert ist, können aus den jeweiligen Neuropattern sehr gezielte Empfehlungen für pharmako-therapeutische Maßnahmen abgeleitet werden.

An zwei Beispielen soll hier der Neuropattern-Ansatz kurz beschrieben und illustriert werden :

1.- Bei einem der Neuropattern besteht ein leichter Hypocortisolismus, der üblicherweise durch eine erniedrigte Acrophase nach dem Erwachen und kompensatorisch erhöhte Feedback-Sensitivität gekennzeichnet ist (Cortisoltagesprofile). Dieses Neuropattern geht mit einer charakteristischen Symptomtriade von Erschöpfung, Schmerzen und Reizbarkeit einher (Arzt- und Patientenfragebogen). Nach vorliegenden Befunden bewirkt der Cortisolmangel eine Disinhibierung der Freisetzung von Interleukin 6, welches offensichtlich die Erschöpfungssymptome hervorruft, besonders abends, wenn die Werte weiter absinken. Die Disinhibition der Prostaglandinsynthese an Nociceptoren bewirkt ein Absinken der Schmerzschwelle, so dass je nach Beanspruchung an unterschiedlichen Körperteilen Schmerzen berichtet werden. Da Cortisol im Zentralen Nervensystem Stresssysteme inhibiert, bewirkt schon ein leichter Mangel eine Disinhibierung von CRF-Neuronen im paraventrikulären Kern sowie von noradrenergen Bahnen mit Ursprung im Locus coeruleus des Hirnstamms. Bei ausgeprägtem Hypocortisolismus werden in Folge der CRF-Disinhibition Ängstlichkeit und Depressivität berichtet, in Folge der Noradrenalin-Disinhibierung Geräusch- und Lichtempfindlichkeit sowie Schlafstörungen. Als tertiäre Folge kann die Ausbildung des Colon irritabile begünstigt werden. Anamnestisch läßt sich vor Ausbruch der Symptome in der Regel eine intensive (physisches oder psychisches Trauma; starker Infekt) oder chronische Belastung (Arbeitsbelastung, Mobbing, Hausbau, Ehekrisen) ausmachen, die bei etwa 20% der Betroffenen einen relativen Hypocortisolismus hervorrufen kann.

2.- Bei einem anderen Neuropattern finden wir infolge lang anhaltender Belastung eine Noradrenalinentleerung, die in Folge auch durchaus selbst gewollter und als angenehm erlebter chronischer Stressbelastung auftreten kann.. Eine Entleerung von Noradrenalin nimmt graduell und langsam zu und äußert sich in charakteristischen Poststress-Symptomen. Entsprechend treten die Symptome gerade in Entlastungsphasen auf (nach der Arbeit, am Wochenende, im Urlaub). Im Vordergrund stehen serotonerg vermittelte spontane Müdigkeit und Erschöpfung, Infektanfälligkeit, sowie vagal determinierte kardiovaskuläre und gastrointestinale Störungen. Die Patienten selbst sehen oft keinen Bezug zur Stressbelastung, da die Störung ja gerade in stressfreien Episoden auftritt. Manche erleben die dauerhafte Beanspruchung psychisch auch nicht als belastend, besonders dann wenn diese Tätigkeit Erfolg und Anerkennung bringt.

Ausblick

In der Praxis hat sich unser Diagnosesystem bisher bei folgenden Störungen und Erkrankungen bewährt und gezeigt, dass es ein umfassendes und hilfreiches diagnostisches Instrument ist: „Somatoforme Störungen", Schlafstörungen, psychische Störungen (Angststörungen, Depression, Burnout), gastrointestinale Störungen (Colitis ulcerosa, Colon irritabile, Ulcus pepticum, etc.), Schmerzstörungen

(Rückenschmerzen, Fibromyalgie, Unterbauchschmerzen), kardiovaskuläre Erkrankungen, metabolisches Syndrom, atopische Erkrankungen und Störungen der Fortpflanzungsorgane (Infertilität, PMS).

Neuropattern ist ein erster Schritt zu einer psychobiologisch fundierten, kausal orientierten Diagnostik. Ein erster Schritt deshalb, weil eine Integration von neurobiologischen und psychologischen Erkenntnissen in den nächsten Jahren zwangsläufig erfolgen wird. Unsere Erfahrung mit Neuropattern zeigen schon jetzt, dass diese Diagnostik völlig neue Befunde ermitteln wird, die sehr viel mehr mit der ätiopathogenetischen Wirklichkeit zu tun haben, als dies mit traditionellen Konzepten möglich ist, welche die „Black Box" noch mit sehr theoretischen rein psychologischen Konzepten ausdeuten.

Literatur

Lacey, J.I. (1967). Somatic response patterning and stress: some revisions of activation theory. In A.M.H. & R. Trumbull (Eds.), *Psychological stress. Issues in research* (pp. 14-42). New York : Appleton-Century-Crofts.

Fahrenberg, J. (2000).Psychophysiologie und Verhaltenstherapie. In J. Markgraf (Hrsg.), *Lehrbuch der Verhaltenstherapie - Grundlagen, Diagnostik, Verfahren, Rahmenbedingungen* (Bd.2, S. 107-124). Berlin : Springer-Verlag.

PSYCHOPHYSIOLOGISCHE UND MEDIZINTECHNISCHE GERÄTEENTWICKLUNG AM PSYCHOLOGISCHEN INSTITUT I DER UNIVERSITÄT ZU KÖLN

ODER EINE KURZE GESCHICHTE DES KÖLNER VITAPORT SYSTEMS

Gerhard Mutz

Psychophysiologische Messdaten liefern wichtige Erkenntnisse in verschiedenen Bereichen der psychologischen Forschung. Insbesondere in der Stressforschung z.b. innerhalb der Arbeitspsychologie sind psychophysiologische Erregungsparameter unerlässliche Indikatoren für das Ausmaß und die Valenz von Stressoren.

Im Herbst 1988 begann auf Initiative von Prof. Stephan die Entwicklung psychophysiologischer Messgeräte am psychologischen Institut der Universität zu Köln. Die Eigenentwicklungen sollten eine maßgeschneiderte und kostengünstige Alternative zum Kauf entsprechender Geräte darstellen. Außerdem waren die von Prof. Stephan angedachten Geräte nicht im Handel erhältlich.

Zwei Projekte sollten realisiert werden: eine stationäre Messplattform für Labormessungen und eine mobile für Feldmessungen zum Einsatz in der Arbeitspsychologie.

Das Kölner Bioamp System

Die Entwicklung eines Laborsystems begann Anfang 1989. Es sollte modular bis auf 128 Kanäle erweiterbar sein und einen besonders hohen Datendurchsatz ermöglichen. Das stationäre System sollte insbesondere zur Ableitung vielkanaliger EEG Ableitungen dienen um damit ereigniskorrelierte Potentiale zu messen und Brainmapping zu ermöglichen.

Zum Einsatz kam ein neuartiger Prozessortyp (Transputer) der eine besonders hohe Verarbeitungsleistung erreichte.

Im Verlauf der Entwicklung entstand eine Kooperation mit dem Institut für Luft und Raumfahrt in Köln-Porz (heute DLR) mit den Abteilungen Flugmedizin und Unterwassermedizin.

Es wurden insgesamt vier Systeme gebaut, wovon zwei bei der DLR eingesetzt wurden.

Da die Entwicklung des Vitaport Systems einen sehr rasanten Verlauf nahm und immer mehr Funktionen eines stationären Messsystems mit übernommen werden konnten, wurde die weitere Entwicklung des Kölner Bioamps Systems 1991 eingestellt.

Das Kölner Vitaport System:

Im Frühjahr 1989 entstand der erste Prototyp eines portablen Datenrekorders zur Aufzeichnung verschiedener Biosignale. Bis zum Sommer 1989 gab es bereits mehrere funktionsfähige Exemplare und auf der DGPA Tagung in Wuppertal wurde das Gerät als Posteraushang erstmals vorgestellt. Ein geeigneter Name wurde gesucht und schließlich entstand die Bezeichnung „Kölner Vitaport System" die auch markenrechtlich geschützt wurde.

Die ersten Erprobungen ergaben eine hohe Zuverlässigkeit der erhobenen Daten. Immer mehr externe Forscher zeigten Interesse an den Geräten und so entstand der Plan eine kommerzielle Version des Gerätes zu entwickeln. Es sollte neben der elektronischen Zuverlässigkeit auch mechanisch besonders robust sein. Schließlich wurde ein aus Flugzeugaluminium gefrästes Gehäuse entwickelt, das hinsichtlich der mechanischen Stabilität kaum zu übertreffen war. Auf der Hannover Industriemesse 1990 wurde das Kölner Vitaport System auf dem Stand der Universität zu Köln zum ersten Male einer breiteren Öffentlichkeit

28

vorgestellt. Als erstes Gerät dieser Art speicherte das Vitaport die Daten auf einer Halbleiter Wechselspeicherkarte.

Das Vitaport I wurde nun in verschiedenen Forschungsprojekten des psychologischen Lehrstuhls eingesetzt. (z.b. Polizeistudie, GSG9)

Da die Forderung nach einem noch kleineren Gerät bestand wurde eine Variante mit nur 4 Kanälen und erheblich kleinerer Baugröße entwickelt und bekam den Namen Mini Vitaport.

Es gab auch einige Spezialentwicklungen wie z.b. der Bau eines 2 kanaligen DC -EEGs für die Ableitungen von „Slow Potentials" zu Biofeedbackzwecken.

Ab etwa 1992 wurde ein neues Konzept mit mehr modularem Aufbau und einer neu auf den Markt gekommenen Speicherkartentechnologie namens PCMCIA (später PC-CARD) konzipiert. Es war besonders im Hinblick auf ambulante Schlafdiagnostik ausgelegt und wurde auch mit einem erheblich leistungsfähigeren 32 Bit Mikroprozessor bestückt. Es konnte auf bis zu 67 Kanälen modular erweitert werden. Das Gerät bekam den Namen „Vitaport II".

Das Vitaport II wurde nach der Produktionsreife nicht nur am psychologischen Institut zu Köln, sondern auch an einer Vielzahl von Forschungseinrichtungen im psychologischen und medizinischen Bereich eingesetzt, zum Teil auch im Ausland. Zunehmend wurden auch telemedizinische Anwendungen mit diesem Gerät realisiert, wie z.B. die automatisierte Überwachung von Kleinkindern mit dem „SID" (sudden infant death) Syndrom über Handyverbindung. Einige dieser Anwendungen wurden auf der „Medica" Medizinmesse in Düsseldorf ausgestellt.

Krönender Höhepunkt war schließlich die Entscheidung der NASA das Vitaport II zur ambulanten Schlafmessung von Astronauten einzusetzen.

Schließlich wurde das Vitaport II zusammen mit den Markenrechten an eine Fremdfirma abgegeben.

Mit einem neuen Markennamen „Varioport" begann eine vollständige Neuent-
wicklung einer Gerätefamilie mit noch leistungsfähigeren und vor allem strom-
sparenderen Mikroprozessoren.

Zuerst wurde eine kleine Serie von Varioport „A" genannten Geräten produziert,
die eine geschrumpfte Version von Vitaport II darstellten. Doch ab 1998 wurde
ein vollständig neues Design mit einem RISC Mikroprozessor entworfen mit
dem Laufzeiten der Batterie von 1 Woche bis zu 1 Monat möglich wurden.

Die neue Version erhielt die Bezeichnung Varioport OEM. Das Konzept war
ebenfalls sehr modular ausgelegt. Neben bis zu 8 eingebauten Kanälen war der
Ausbau bis auf 64 Kanäle mit externen Modulen vorgesehen. So entstanden z.B.
verschiedene Varianten von Zusatzmodulen zur ambulanten Schlafmessung.

Für Spezialaufgaben wurden weiter miniaturisierte Geräte entwickelt. So wurde
eine spezielle Version für die Erfassung von Umweltstress gebaut mit der man
neben mehreren Körpersignalen Geräuschpegel, Umgebungslicht, Umgebungs-
temperatur und Bewegung erfassen konnte. (Vario – M oder „Ökoport")

Ebenso wurde eine nur streichholzschachtelgroße Variante (Vario – S) zur Erfassung von Bewegungsdaten in 3 Achsen entwickelt, die in der Erforschung der
kindlichen Hyperaktivität eingesetzt werden sollte.

Für die Messung von Schlafparametern von Kindern wurde schließlich eine besonders miniaturisierte Form eines Schlafrekorders (Vario Compact) entwickelt,
das mit 24 Kanälen wahrscheinlich kleinste Gerät dieser Art.

Durch fortschreitende Miniaturisierung konnte schließlich noch eine Revision
des Vario OEM mit 16 internen Kanälen realisiert werden, von denen es eine
Version für Langzeit EEG und eine Version für Schlafmessungen gibt. (Vario
OEM II) Dieses Gerät ist auch mit Bluetooth Funkverbindung ausgerüstet und
kann direkt mit dem Internet kommunizieren.

Zur Testung der elektrischen Eigenschaften der Geräte wurde ein spezieller Testgenerator entwickelt, der zusammen mit einer Steuersoftware die automatische Vermessung der Rekorderdaten ermöglicht.

Da sich bei der Erfassung psychophysiologischer Daten oft eine Ereigniserfassung des Tagesablaufs der Versuchpersonen als nötig erweist wurde ein spezielles elektronisches Tagebuch entwickelt (Dialogpad) mit dem Eingaben über das Tagesverhalten gemacht werden können. Die Eingabe kann bei Bedarf auch durch bestimmte physiologische Ereignisse gestartet werden (z.B. durch erhöhte Herzrate).

Zur Steuerung und Auswertung der Geräte wurde eine Software (zuerst Vitagraph, später Variograph) entwickelt, die im Laufe der Jahre um immer neue Eigenschaften ergänzt wurde. Es gibt eine in der Bedienung identische Version für Apple Macintosh und für Windows PCs. Zur Erleichterung der Auswertung der Daten enthält Variograph eine eigene objektorientierte Programmiersprache mit der auch der nicht so versierte Programmierer umfangreiche Datenanalysen steuern kann. (SPIL = Signal Processing and Inferencing Language)

Für Spezialaufgaben gibt es auch ein Sprachvariante, die in den Rekordern selbst ablauffähig ist und eine maßgeschneiderte Vorverarbeitung der Daten bereits während der Datenerfassung ermöglicht (Realtime SPIL).

Für die Steuerung der Geräte außerhalb des Labors wurde noch eine Sonderversion von Variograph für den Palm Pilot programmiert (Mini Variograph)

Bildergallerie mit einigen technischen Daten:

Vitaport I

8 Bit Mikroprozessor
32 KB RAM
32 KB EPROM
21 Kanäle
Bis 1MB Speicher-
karte
485 Gramm
Maße: 130x90x35 mm

Mini Vitaport

8 Bit Mikroprozessor
32 KB RAM
32 KB EPROM
4 Kanäle
1MB RAM Datenspei-
cher
130 Gramm
Maße: 87x43x22 mm

Vitaport II

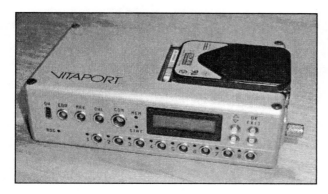

32 Bit Mikroprozessor
1MB RAM
96 KB EEPROM
bis 67 Kanäle
Bis 2 GB Speicherkarte
820 Gramm
Maße: 150x90x45 mm

Vitaport Familie

Vitaport I und MiniVitaport Prototypen

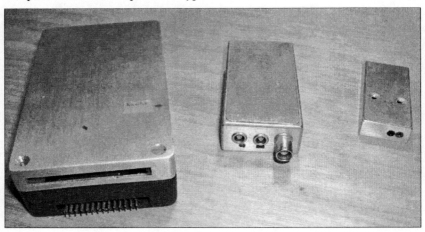

Das Ur-Vitaport mit Sensorkabeln

Vitaport II Prototyp

Einige Dialog Pad Versionen

8 Bit Risc Mikro-
prozessor
4 KB RAM
4 KB EEPROM
128 KB Programm
Flash
2 MB DatenFlash
2*16 Zeichen LCD
Display
95 Gramm
Maße: 105x57x19
mm

Vitaport / Varioport Speicherkarten

1 MB Vitaport I Karte
Vitaport II Festplatte
Vitaport II Ramkarte
Varioport OEM Compactflash
Varioport Compact Multimediakarte

Varioport A

32 Bit Mikroprozessor
1 MB RAM
96 MB EEPROM
Compactflashspeicher bis 2 GB
Intern 8 Kanäle, extern bis 56 zusätzliche
175 Gramm
Maße: 120x65x23 mm

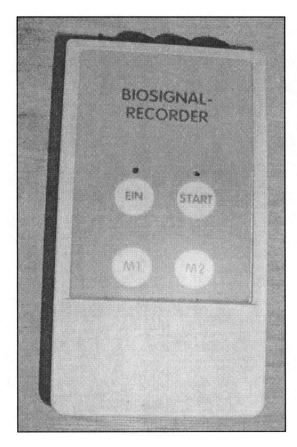

8 Bit Risc Mikroprozessor
36 KB RAM
4 KB EEPROM
128 KB Programm Flash
2 MB Daten Flash
Compactflashspeicher bis 2 GB
Intern 16 Kanäle, extern bis 48 zusätzliche
175 Gramm
Maße: 120x65x23 mm

Varioport S

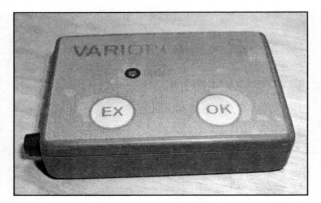

8 Bit Risc Mikroprozessor
4 KB RAM
4 KB EEPROM
128 KB Programm Flash
8 MB Daten Flash
4 Kanäle
40 Gramm
Maße: 57x38x13 mm

Varioport Compact

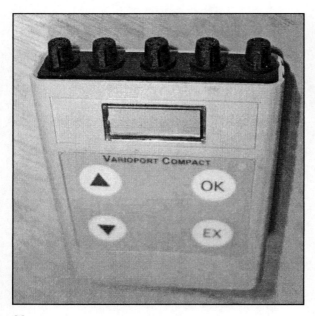

8 Bit Risc Mikroprozessor
36 KB RAM
4 KB EEPROM
128 KB Programm Flash
2 MB Daten Flash
Multimediakarte bis 512 MB
24 Kanäle
80 Gramm
Maße: 77x55x18 mm

Varioport M

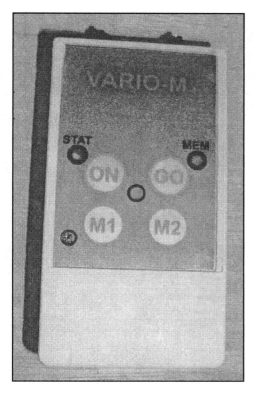

8 Bit Risc Mikroprozessor
4 KB RAM
4 KB EEPROM
128 KB Programm Flash
Multimediakarte bis 512 MB
16 Kanäle
70 Gramm
Maße: 85x45x17 mm

Die Varioport Familie

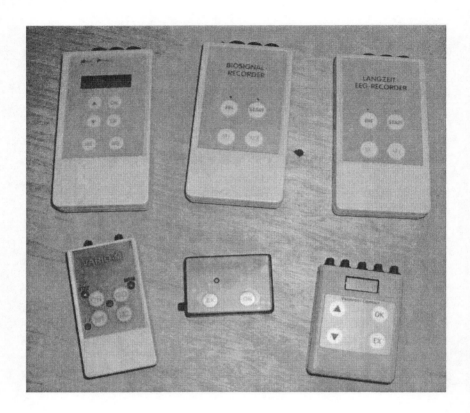

PERSPEKTIVEN DER TELEMEDIZIN IM HÄUSLICHEN BEREICH

Rolf Weiss und Gerhard Mutz

Einleitung

Die Telemedizin hat mit den Fortschritten in Technik, Elektronik und Software-entwicklung in letzter Zeit immer mehr an Bedeutung gewonnen. Insbesondere die Kommunikationstechnik hat sich so sprunghaft entwickelt, dass Mobiltelefone heute schon zu vielen Haushalten gehören. Damit sind gleichzeitig die Voraussetzungen geschaffen worden, medizinische Hilfe, insbesondere in Notfallsituationen, schneller und effektiver verfügbar zu machen. Durch die weite Verbreitung der Funktelefone werden bei Verkehrsunfällen die Hilfsorganisationen in vielen Fällen schon nach kurzer Zeit verständigt und die medizinische Hilfe kann von diesem Zeitvorteil profitieren (CHAPMAN & SCHOFIELD 1998). Neben der Sprachübertragung erlauben die digitalen Netze aber auch die Übertragung von Daten. In Pilotprojekten wird dies zum Beispiel genutzt, um schon während des Transports von Unfallopfern persönliche Daten des Patienten und die erhobenen Befunde dem aufnehmenden Krankenhaus vorab zur Verfügung zu stellen.

In einigen Fällen, wie bei der Frühintervention von Infarktpatienten, kann schon vor bzw. während des Transports mit wichtigen kurativen Maßnahmen begonnen werden, wenn entsprechendes Expertenwissen dem Helfer vor Ort zugänglich gemacht werden kann. Dies erfordert eine mobile Erfassung von vitalen physiologischen Parametern und eine telemetrische Übertragung an ein entsprechendes Spezialkrankenhaus (JAIN ET AL. 1997).

Die Langzeiterfassung und Aufzeichnung physiologischer Daten ist in der Medizin seit langem ein wichtiges Diagnoseinstrument. Die Entdeckung von

Rhythmusstörungen im Langzeit-EKG und Krampfpotentialen im Langzeit-EEG haben diese Krankheitsbilder erst für eine gezielte Therapie zugänglich gemacht. Bisher wurden telemetrische Verfahren in der Medizin meist da eingesetzt, wo eine Datenaufzeichnung direkt am Patienten nicht möglich war. Durch Fortschritte in der Mikroelektronik, insbesondere bei den integrierten Schaltkreisen und den Speicherbausteinen, ist heute eine mobile, multimodale Erfassung physiologischer Daten möglich geworden, was man sich z.B. in der ambulanten Schlafdiagnostik zunutze macht und insbesondere in der Diagnostik der Schlafapnoe eine große Bedeutung gewonnen hat.

Die Entwicklung mobiler Messgeräte ermöglicht nun auch die kontinuierliche Überwachung von Patienten in ihrem häuslichen Umfeld. So werden Säuglinge mit Atmungsstörungen oder solche, bei denen ein Geschwisterkind am „Sudden Infant Death Syndrome" verstorben ist, zu Hause durch Monitore mit eingebauter Alarmfunktion überwacht. Auch einfache telemetrische Verfahren werden eingesetzt, um die Belastung der Patienten auf ein Minimum zu beschränken (DOBREV & DASKALOV 1998).

Seit langem gibt es auch Überlegungen, physiologische Daten telefonisch zur Diagnostik zu einer spezialisierten Einrichtung zu übertragen (VGL. BENNETT & GARDNER 1970, HOUVEL ET AL. 1992, JOHNSON 1998, RISSAM ET AL. 1998).

In diesem Beitrag soll nun in erster Linie unsere Entwicklungsarbeit vorgestellt werden, Monitoring, multimodale Langzeitaufzeichnung (zur Diagnostik bzw. Therapieüberwachung), Alarmfunktionen und die Möglichkeiten der mobilen Kommunikationstechnik in einem kleinen tragbaren Gerät zu vereinen. Dadurch soll die mobile Überwachung von Patienten realisiert werden, welche die Möglichkeit bietet, im Notfall frühzeitig Hilfe zu organisieren oder den Angehörigen direkte Anweisungen für erste Hilfsmaßnahmen zu geben.

Es handelt sich um ein programmierbares Mess- und Aufzeichnungssystem, das in Verbindung mit einem Mobiltelefon Patienten in einem Notfall neben der telefonischen Kontaktaufnahme auch die Möglichkeit gibt, physiologische

Daten zu übermitteln. Darüber hinaus wird ein Überwachungssystem vorgestellt, das aus den gemessenen Daten Notfallsituationen erkennt und selbsttätig die kritischen Daten als Internetseite, Faxnachricht, E-Mail oder Kurznachricht an einen Arzt oder ein Krankenhaus sendet. Von dort aus kann dann eine Datenverbindung zu dem Patienten aufgebaut werden, um vitale Parameter, wie z.B. das EKG, auf einem Terminal online zu verfolgen (Weiss et al. 1997). Weiterhin werden Entwicklungen vorgestellt, die Untersuchungsverfahren zur Diagnostik oder Verlaufskontrolle auch im häuslichen Bereich ermöglichen.

Tele-Betreuung

Ein Blick auf die voraussichtliche Entwicklung der Alterspyramide der deutschen Bevölkerung macht deutlich, dass der Anteil der älteren Menschen stark zunehmen wird. Damit steigt auch die Zahl alleinlebender und betreuungsbedürftiger Personen.

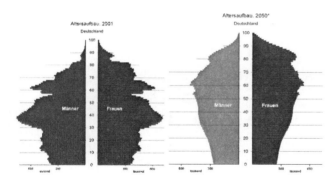

Abbildung 1: Bevölkerungspyramide © Statistisches Bundesamt Deutschland 2003

Nach den Daten des Statistischen Bundesamtes sind schon heute die Mehrzahl der Haushalte Einpersonenhaushalte.

Haushaltstypen				
Gegenstand der Nachweisung	Einheit	2000	2001	2002
Haushalte [1]	1 000	38 124	38 456	38 720
Einpersonenhaushalte	1 000	13 750	14 056	14 225
2-Personenhaushalte	1 000	12 720	12 904	13 060
3-Personenhaushalte	1 000	5 598	5 502	5 487
4-Personenhaushalte	1 000	4 391	4 346	4 315
Haushalte mit 5 und mehr Personen	1 000	1 665	1 647	1 633

[1] Ergebnisse des Mikrozensus - 2000 im Mai; 2001 und 2002 im April.

Aktualisiert am 12. Juni 2003

Abbildung 2: Haushaltstypen in der BRD © Statistisches Bundesamt Deutschland 2003

Die ständig steigenden Gesundheitsausgaben zwingen zu Rationalisierungen, insbesondere da andere Länder mit nur der Hälfte der Gesundheitsausgaben pro Kopf der Bevölkerung eine mit der Bundesrepublik vergleichbare Versorgungsqualität erreichen.

44

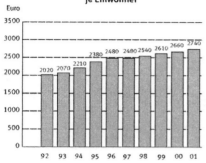

Abbildung 3:
Gesundheitsausgaben ©
Statistisches Bundesamt
Deutschland 2003

Sterbefälle nach den 10 häufigsten Todesursachen [1] insgesamt und nach Geschlecht 2001			
ICD-10 Pos.Nr.	Todesursache	Gestorbene insgesamt	
		Anzahl	Anteil an insgesamt in
125	Chronische ischämische Herzkrankheit	92 775	11,2
121	Akuter Myokardinfarkt	65 228	7,9
I 50	Herzinsuffizienz	56 799	6,8
I 64	Schlaganfall, nicht als Blutung oder Infarkt bezeichnet	40 671	4,9
C 34	Bösartige Neubildung der Bronchien und der Lunge	38 525	4,6
C 18	Bösartige Neubildung des Dickdarmes	19 950	2,4
C50	Bösartige Neubildung der Brustdrüse [Mama]	17 737	2,1
J44	Sonstige chronische ostruktive Lungenkrankheit	17 062	2,1
J18	Pneumonie, Erreger nicht näher bezeichnet	16 900	2,0
E 14	Nicht näher bezeichneter Diabetes mellitus	15 145	1,8

Abbildung 4: Todesursachenstatistik © Statistisches Bundesamt Deutschland 2003

Mit steigender Lebenserwartung nehmen auch die Gesundheitsausgaben je Einwohner ständig zu. Die Erkrankungen des Herzkreislauf-Systems stehen mit einem Anteil von ca. 30 % an der Spitze der 10 häufigsten Todesursachen.

Damit wächst die Bedeutung telematischer Verfahren in der Medizin und in der Betreuung bedürftiger alleinlebender Menschen.

Zur Betreuung älterer alleinlebender Menschen wurde das Seniorcare-System als mobiles Homecare-System am Psychologischen Institut der Universität zu Köln entwickelt. Um bei Notfällen Hilfe herbeirufen zu können, trägt der zu Betreuende ein handliches Funktelefon, das mit einem kleinen Datenerfassungsgerät verbunden ist.

Abbildung 6: Miniaturdatenrekorder (Varioport S) mit einer Laufzeit von über einer Woche.

Durch das Mobiltelefon kann der ältere Mensch in Notfällen jederzeit Hilfe herbeirufen. Sollte es ihm aber aus eigener Kraft nicht mehr möglich sein, z.B bei Bewusstseinsverlust, wird durch das angeschlossene Vario S automatisch eine Notfallmeldung per SMS auf das Mobiltelefon eines Betreuers gesendet. Die Alarmsituation wird aus den Messwerten für Körperlage, Bewegung und Temperatur detektiert. Der Betreuer kann dann sofort versuchen, telefonisch Kontakt mit seinem Angehörigen aufzunehmen.

Neben der Alarmfunktion sendet das Gerät ständig Temperatur- und Bewegungswerte und Daten über die Körperlage an einen Datenbankserver, der von den Angehörigen über das Internet jederzeit abgefragt werden kann. Damit besteht die Möglichkeit, aus den Mobilitätsdaten Rückschlüsse auf das Wohlbefinden des Angehörigen zu ziehen.

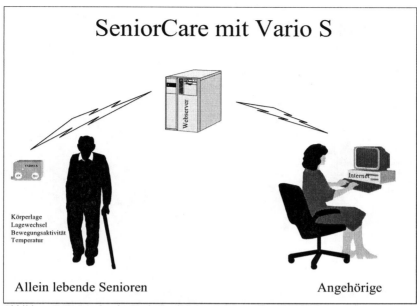

Abbildung 7: Datenrekorder Vario S mit Internetabfrage über CGI-Webserver

Aus den Daten ist dann z.B. ersichtlich, ob die Betreuten längere Zeit nicht aufgestanden sind, ob sie meiste Zeit liegend verbringen und daher nachts an Schlafstörungen leiden, wie häufig sie nachts zur Toilette gehen (Herzinsuffizienz) oder ob sie sich längere Zeit nicht mehr bewegt haben.

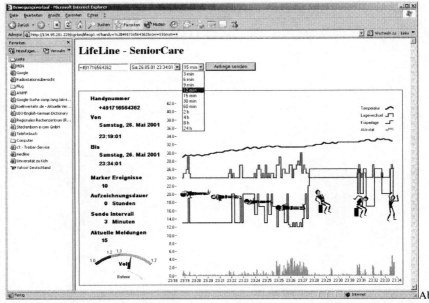

Abbildung 8: Internet-Datenabfrage von Temperatur, Körperlage und Aktivität, über einen frei wählbaren Zeitraum.

In der einfachsten Ausführung ist das Vario S mit Lage- und Beschleunigungssensoren ausgestattet, die Bewegungen in den drei Raum-Achsen erfassen. Das Gerät kann direkt an das Mobiltelefon angesteckt werden. Insbesondere bei fieberhaften Infekten oder sonstigen Vorerkrankungen kann auch die Körpertemperatur, Atmung und die Herzrate mitgemessen werden. Dazu wird das Gerät in einen Brustgurt integriert.

Internetbasierte Elektronische Patientenakte

Da unser Gesundheitswesen dezentral organisiert ist, nimmt durch die hohe Mobilität der Bevölkerung und die zunehmende Spezialisierung der Medizin die Zahl der Stellen wo patientenbezogene Daten verwaltet werden, ständig zu. Dies führt zu kostspieligen Mehrfachuntersuchungen, zu Fehldiagnosen, insbesondere

48

bei Notfällen, und zu erhöhten Belastungen für die Patienten, die unnötig lange auf den Beginn einer Therapie warten müssen.

Es erscheint daher vorteilhaft, wenn es dem Patienten ermöglicht wird, seine wesentlichen Befunde selbst zu verwalten und über das Internet den behandelnden Ärzten zur Verfügung zu stellen.

Dies lässt sich heute am sinnvollsten mit einer Webbasierten Datenbank bzw. durch die Ablage der Dokumente im XML Format erreichen. XML (Extensible Markup Language) ist eine Erweiterung der im Internet verwendeten HTML Definition, mit der es möglich ist, gezielt nach Inhalten von Dokumenten zu suchen. Damit wird es z.b. möglich, sich alle Blutdruckwerte eines Patienten aus den Arztbriefen der letzten Jahre anzeigen zu lassen.

Inzwischen ist man bemüht, ein einheitliches XSchema für Krankenhausinformations- Systeme und Praxis-EDV-Systeme zu entwickeln (www.MedicML.de).

Durch die Bereitstellung im Internet hat ein Patient die Möglichkeit neben seinen persönlichen Daten, einer kurzen Zusammenfassung aller für Notfälle relevanten Befunde, auch seine Krankengeschichte, den körperlichen Untersuchungsbefund, die Laborwerte, den Impfstatus, Allergiepass, Röntgenbilder, CT- und MRT-Bilder, die EKG- und EEG-Kurven über das Internet oder ein mitgeführtes Speichermedium (CD, DVD, USB-Stick) einer medizinischen Versorgungseinrichtung zugänglich zu machen.

Er kann diese Daten auch Call-Centern zur Verfügung stellen, die schon von einigen Krankenkassen eingerichtet worden sind. Z. B. bei Auslandsaufenthalten kann dem Patient dann ein geeigneter Arzt vor Ort vermittelt werden, dem dann auch die bisherigen erhobenen Befunde direkt zugänglich sind.

Auch die Verwaltung der Arzttermine und Termine für Vorsorgeuntersuchungen kann über das Internetbasierte System erfolgen, das Erinnerungen per E-Mail oder SMS verschickt.

Palmtop Datenerfassung

Die Einrichtung eines Überwachungssystems ist normalerweise mit einem hohen finanziellen und organisatorischen Aufwand verbunden, da in der Regel sowohl der Patient als auch die Mitarbeiter einer Überwachungszentrale ortsgebunden sind. Durch die mobile Aufzeichnungs- und Datenübertragungseinrichtung ist es möglich, dem Patienten zu einer größtmöglichen Mobilität zu verhelfen.

Um den organisatorischen Aufwand zu reduzieren und auch kurzfristig ohne größeren weiteren personellen Aufwand eine telemedizinische Überwachung zu realisieren, sollte auch dem Arzt ein mobiles Gerät zur Beurteilung der Messkurven zur Verfügung stehen. Daher wurde ein Datenerfassungsprogramm auf einem Palmtop Computer realisiert. Durch die Verwendung eines Smartphones oder eines PDA mit einem Mobiltelefon bzw. durch eine GSM Steckkarte können jederzeit die gesamten beim Patienten gemessenen Kanäle online dargestellt und aufgezeichnet werden. Dabei können bei dem hier vorgestellten Programm gleichzeitig je vier Kanäle graphisch als fortlaufende Kurve und zwei Parameter als Zahlenwerte angezeigt werden. Die laufende Aufzeichnung beim Patienten wird dabei nicht unterbrochen. Zudem wird über diesen Taschencomputer auch eine vollständige Fernsteuerung des Recorders über die Mobiltelefone möglich. Dies erlaubt nun, z.B. aus der Ferne die Messkonfiguration zu ändern, die Messung zu stoppen oder neu zu starten, so dass technische Probleme in vielen Fällen über die Ferne erkannt und auch ohne große Mitwirkung des Patienten behoben werden können. Bei der Darstellung lassen sich unterschiedliche „Papiergeschwindigkeiten" und Auflösungen einstellen.

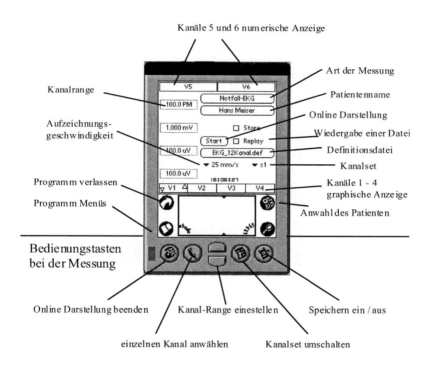

Kanäle 5 und 6 numerische Anzeige

Kanalrange

Aufzeichnungs-
geschwindigkeit

Programm verlassen

Programm Menüs

Art der Messung

Patientenname

Online Darstellung

Wiedergabe einer Datei

Definitionsdatei

Kanalset

Kanäle 1 - 4
graphische Anzeige

Anwahl des Patienten

Bedienungstasten
bei der Messung

Online Darstellung beenden

Kanal-Range einestellen

Speichern ein / aus

einzelnen Kanal anwählen

Kanalset umschalten

Es können 1bis 6 Kanäle gleichzeitig angezeigt und gespeichert werden.
Bei Darstellung von weniger Kanälen wird die Anzeige so skaliert, daß das
Display optimal genutzt werden kann.

Abbildung 9: Datenaufzeichnung und Darstellung auf einem PalmPilot®

51

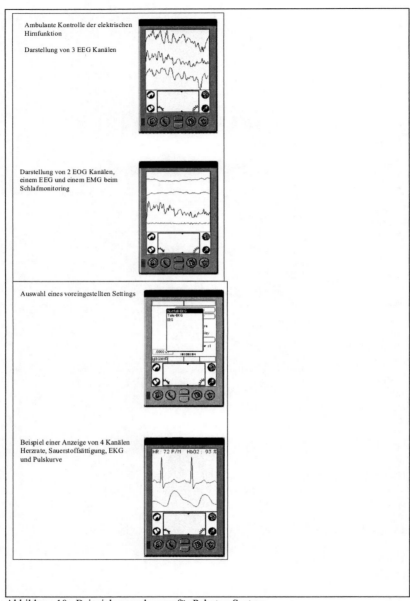

Abbildung 10 : Beispielanwendungen für Palmtop System

52

12 Kanal Tele EKG

1999 erkrankten in Deutschland insgesamt 288.192 Menschen an einem Herzinfarkt – das sind knapp 790 Menschen pro Tag. Davon waren 156.744 Männer (54,39 %) und 131.448 Frauen (45,61 %). Jeder dritte Erkrankte verstirbt vor Erreichen eines Krankenhauses. Bei mehr als 60 Prozent der Erkrankten führte der Infarkt zum Tod. (Löwel et al, 1999).

Zahlreiche Studien konnten in den letzten Jahren zeigen, dass es bei der Therapie eines akuten Myokardinfarkts in erster Linie darauf ankommt, eine Thrombolyse möglichst innerhalb der ersten 60 Minuten nach Einsetzen der Symptome zu beginnen. Davon ist aber die klinische Wirklichkeit selbst in vielen Teilen der industrialisierten Welt weit entfernt. Wie die Deutsche Herzstiftung in ihrem Jahresbericht 2001 darlegt, liegt der Grund insbesondere darin, dass die Patienten im Allgemeinen zu lange abwarten.

Am Wochenende warten Patienten mehr als 8 Stunden, an Werktagen hingegen etwa 3,5 Stunden, bis sie einen Arzt rufen. Ältere Menschen (über 65 Jahre), Frauen und Alleinstehende warten besonders lange, bis sie den Arzt rufen. Gerade für Risikopatienten ist es daher wichtig, sofort nach dem Ereignis fachkundigen Rat zu erhalten. Durch einen EKG-Gürtel mit integrierten Elektroden kann auch vom Laien in wenigen Minuten ein 12-Kanal-EKG

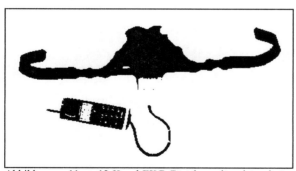

Abbildung 11: 12-Kanal-EKG-Gürtel mit integrierten Brustwand-Elektroden, Oberarm-Elektroden und Elektrode für linken Oberschenkel verbunden mit Vario C und Handy. Herzspezialisten können auf die Daten zugreifen, das aktuelle EKG auswerten, mit Vorbefunden vergleichen und die notwendigen Maßnahmen einleiten.

erstellt und über ein Mobiltelefon an einen Internetserver übermittelt werden. Dort wird es automatisch in einer Patientendatenbank gespeichert.

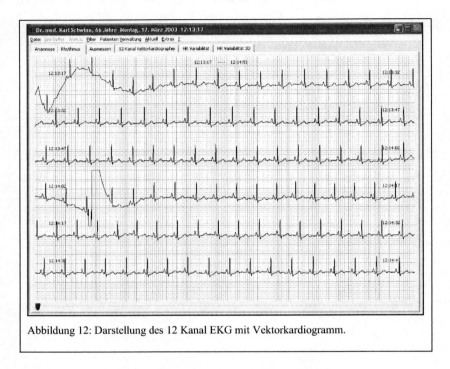

Abbildung 12: Darstellung des 12 Kanal EKG mit Vektorkardiogramm.

Auch in Heimen oder ähnlichen ärztlich betreuten Einrichtungen fehlt es in der Notfallsituation meist an dem speziellen Fachwissen. Hier kann es nützlich sein, das EKG zunächst auf einem Taschencomputer darzustellen und bei Unklarheiten an das Herzzentrum zu übermitteln, damit die Helfer vor Ort In Ihrer Therapieentscheidung unterstützt werden können.

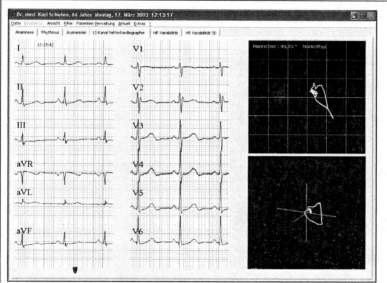

Abbildung 13: Darstellung eines Rhythmusstreifens

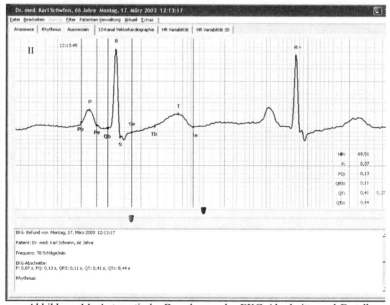

Abbildung 14: Automatische Berechnung der EKG Abschnitte und Erstellung eines Befundberichtes

Rhythmusstörungen

Leidet der Patient unter zeitweiligen Herzrhythmusstörungen, kann er mit einem Varioport-Rekorder auf Knopfdruck seine EKG-Kurve an einen Webserver senden. Die EKG-Daten werden dort automatisch mit persönlichen und anamnestischen Daten verknüpft und als Webseite aufbereitet. Sie können so auch vom Hausarzt direkt eingesehen und befundet werden.

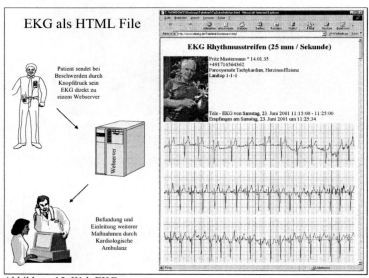

Abbildung 15: Web EKG

Durch eine Programmierung des Rekorders können auch EKG-Veränderungen während der Messung vom Gerät selbst detektiert und bei Verdacht automatisch zur weiteren Abklärung an den Server gesendet werden.

Schlafhaube

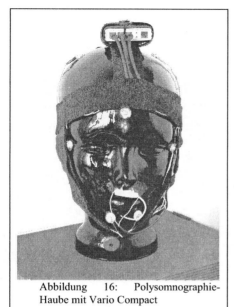

Abbildung 16: Polysomnographie-Haube mit Vario Compact

Ein weiteres Einsatzgebiet für die Verbindung eines Daten-Rekorders mit einem Mobiltelefon sind Langzeituntersuchungen im Feld. Durch die Möglichkeiten der Telemetrie kann die korrekte Datenerfassung fortlaufend überprüft und dem Probanden so eine wiederholte Messung wegen schlechter Elektodenkontakte oder anderer technischer Problem erspart werden. Dies bietet sich insbesondere beim Langzeit-EKG, Langzeit-EEG oder bei einer Untersuchung auf obstruktive Schlafapnoe oder bei der Polysomnographie an (Jain et al. 1997).

Die übliche Schlafdiagnostik ist wegen der Vielzahl von Elektroden und Sensoren für den Untersucher sehr aufwendig und für den Patienten wegen der störenden Kabel unangenehm und störanfällig. Dies erschwert ihren Einsatz insbesondere im ambulanten Bereich.

Das Konzept der Polysomnographie-Haube kommt weitgehend ohne störende Kabel aus und bietet sowohl für den Untersucher als auch für den Patienten Vorteile.

Um den Probanden mehr Bewegungsfreiheit zu ermöglichen, wurden schon in früheren Jahren telemetrische Verfahren eingesetzt.

Nachteilig waren neben der hohen Störanfälligkeit auch der erhebliche apparative Aufwand und die Bewegungseinschränkung des Probanden, der sich immer innerhalb der Reichweite der Telemetrieempfänger aufhalten musste.

Wir haben daher nach einem Weg gesucht, die Daten jedes einzelnen Sensors direkt am Ableiteort zu verstärken, optional vorzuverarbeiten und zu speichern. Dies setzt sehr kleine leistungsfähige Datenlogger voraus, die zusammen mit dem Sensor in ein Gehäuse integriert werden können. Das a.a.O. vorgestellte Vario S ist z.B. ein solches Gerät, das in seiner Standardausführung Temperatur-Lage- und Beschleunigungssensoren enthält.

Bei der Erfassung elektrophysiologischer Parameter kommt man jedoch in der Regel um die Verwendung von üblichen Elektroden nicht herum, wenn man keine Qualitätseinbußen in Kauf nehmen will.

In der Schlafdiagnostik werden die meisten Elektroden im Bereich des Kopfes geklebt. Die Kabel verlaufen dann frei über eine längere Strecke, bevor sie in den Verstärker münden. Dies führt insbesondere bei den schwachen EEG-Signalen zu einer hohen Störanfälligkeit.

Wir haben daher ein Gerät entwickelt, das Verstärker und Datenaufzeichnung auf kleinstem Raum ermöglicht und direkt auf dem Scheitel getragen werden kann. Die Elektroden und Sensorkabel können dadurch extrem kurz gehalten werden.

In der Schlafhaube verlaufen die Zuleitungen der EEG- und EOG-Elektroden. Das submentale EMG und die Sensoren für den oronasalen Flow und das Schnarchmikrophon sind ebenfalls integriert. Damit wird Einmalmaterial eingespart, der Komfort für den Patienten erhöht und die Verkabelungszeit verkürzt.

Mit einem Reflexsensor kann sogar die Pulsoximetrie mit in die Kopfhaube integriert werden. Die übrigen Parameter werden nach diesem Konzept in einer Chestbox, die am Brustgürtel eingeklippt wird, aufgezeichnet. Hier werden das

EKG, die Körperlage, Beschleunigung, Brust- und Bauchatmung, das Tibialis-EMG und in Regel auch die Pulsoximetrie erfasst.

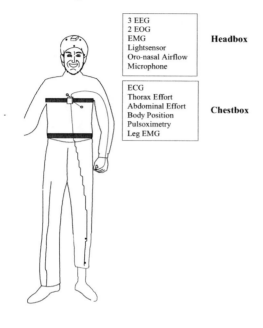

Abbildung 17: Polysomnographie Verkabelung mit 2 Aufnahmerekordern

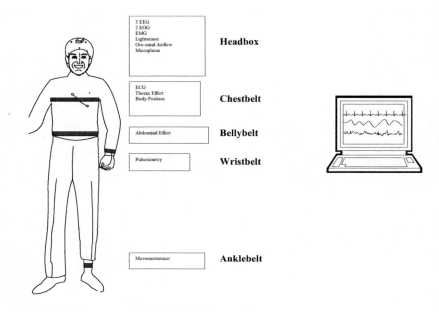

Abbildung 18: Polysomnographie Verkabelung mit 5 Aufnahmerekordern

Der Komfort für den Patienten lässt sich noch erhöhen, wenn auf das Kabel für das Tibialis- EMG verzichtet wird und ein Vario S mit Beschleunigungssensor am Fußgelenk getragen wird (Stephan et al. 2001a & b).

Valsalva Versuch

Kardiovaskuläre Funktionstests liefern wichtige Hinweise zur Diagnostik und Verlaufsbeurteilung einer Polyneuropathie. Häufigste Ursachen sind Stoffwechselstörungen bei Diabetes und chronischem Alkoholismus.

Bei dem hier vorgestellten Programm kann der Patient diese Untersuchung selbst am heimischen PC durchführen. Zur Erfassung der Pulskurve wird zunächst ein Fingerclip angelegt. Durch Sprachanweisungen wird er dann durch die verschieden Versuchsabschnitte geführt.

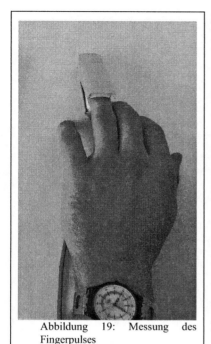

Abbildung 19: Messung des Fingerpulses

Der Proband wird zunächst aufgefordert über 15 Sekunden eine forcierte Expiration gegen einen Widerstand durchzuführen. Die Pulskurve wird während des Versuchs und 60 Sekunden danach aufgezeichnet. Der Valsalva-Quotient ergibt sich dann aus dem Quotienten aus dem längsten Pulsintervall nach dem Versuch und dem kürzesten Pulsintervall während des Versuchs. Anschließend werden die Herzfrequenzänderungen während tiefer Atmung gemessen. Der Proband wird dazu aufgefordert sechs tiefe Atemzüge pro Minute auszuführen. Aus dem längsten Pulsintervall während der Expiration und dem kürzesten Pulsintervall während der Inspiration wird der E/I-Quotient ermittelt.

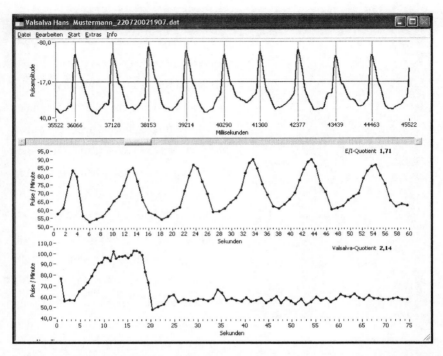

Abbildung 20: Darstellung des Fingerpulsplethysmogramms, der Pulsratenänderung bei tiefer In- und Expiration und der Pulskurve während des Valsalva Manövers.

Tremor Ataxie

Standataxie ist ein häufiges Symptom des chronischen Alkoholismus. Aufgrund toxischer Stoffwechselprodukte kommt es zu einer Atrophie des Kleinhirnwurms. Auch Störungen der Tiefensensibilität führen zu diesem Erscheinungsbild.

Die Beurteilung der Standataxie geschieht normalerweise mit einer fünfstufigen Ataxie-Skala (8):

1. Standataxie nicht feststellbar
2. Schwankung nur, wenn visuelles Feedback fehlt
3. Leichte Schwankungen, Stehen mit geschlossenen Füßen jedoch möglich
4. Kann nicht ohne Stütze frei stehen
5. Bettlägerig

Dieses Einteilung ist jedoch sehr grob und eignet sich wenig für eine Verlaufsbeurteilung.

Daher wurde eine spezielle Untersuchungsplattform entwickelt, um die Untersuchungsergebnisse objektivieren und quantifizieren zu können.

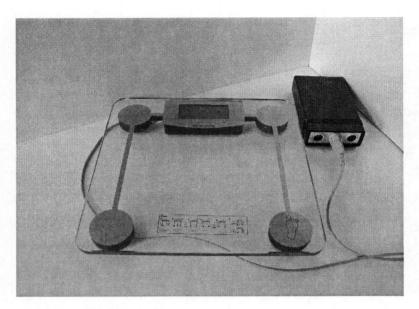

Abbildung 21: Messplattform Standataxie

Wie beim Romberg-Versuch steht der Proband mit parallel zusammengestellten Füßen und geschlossenen Augen. Die Schwerpunktsverlagerungen des Körpers werden von vier in die Plattform integrierten Wiegezellen erfasst und über 20 Sekunden aufgezeichnet. Berechnet werden die mittlere Schwerpunktsverlagerungen pro Sekunde, das Maximum und die Standardabweichung.

Zur Quantifizierung des Fingertremors wird ein Beschleunigungssensor am Endglied des Mittelfingers befestigt. Der Patient steht dabei mit ausgestreckten Armen. Aus der Aufzeichnung der Beschleunigungswerte über ebenfalls 20 Sekunden werden die mittleren Ausschläge pro Sekunde, das Maximum, die Standardabweichung und Frequenzanteile des Powerspectrums zwischen 5 und 9 Hz berechnet. Die Tremorfrequenz ist ein wichtiges diagnostisches Kriterium.

Man unterscheidet:

- Haltungstremor 5 - 9 Hz
- Ruhetremor 3 - 6 Hz
- Aktionstremor 3 -10 Hz

Der Haltungstremor im Frequenzband von 5 - 9 Herz kann für Verlaufsbeobachtungen bei chronischem Alkoholismus verwendet werden.

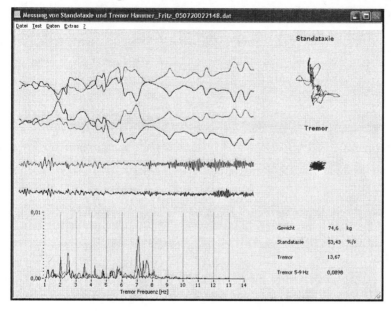

Abbildung 22: Auswerte-Programm für die Ataxie- und Tremordiagnostik.

Säuglings-Sensor-Strampelanzug

Gerade im Bereich der Atmungsstörungen im Säuglingsalter sind oft multimodale Langzeitaufzeichnungen zur Erstellung einer Diagnose notwendig (12). Diese Messungen sind im Säuglings- und Kindesalter schwierig, da eine Vielzahl von Elektroden zur Ableitung von EKG, EEG, EMG, Atmungsparametern, Temperatur, Bewegung, Lage und SpO_2 notwendig sind. Das Anbringen der Kabel und Sensoren ist sehr zeitaufwendig, da man die Vielzahl der Kabel jedes Mal wieder neu ordnen und fixieren muss.

Auch während der Messung kann es leicht passieren, dass es durch Bewegungen des Patienten zum Zug an den Elektroden kommt, was zu Artefakten oder gar zur Ablösung der Elektroden führen kann. Daher wurde ein Säuglings-Messanzug konzipiert, der durch integrierte Kabelkanäle sowohl das Anbringen der Elektroden und Sensoren erleichtert als auch während der Messung Zugkräfte auf die Elektroden und Sensoren verhindert. Da keine freiliegenden Kabelschlaufen mehr auftreten, können die Säuglinge auch nicht mehr so leicht mit den Kabeln spielen.

Ein besonderes Problem stellt die Messung der thorakahlen und abdominellen Exkursionen dar, da die Atemgurte sehr leicht verrutschen können und ein Vergleich über die gesamte Messdauer dann nicht mehr möglich ist.

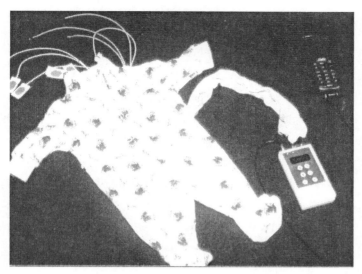

Abbildung 23: Sensor-Strampelanzug mit Recorder und Mobiltelefon

Aus diesem Grunde wurde ein Strampelanzug gewählt, der die Lagestabilität sowohl zu den Schultern als auch zum Schritt hin gewährleistet. Um während der Messung auch die Windeln wechseln zu können, wurde ein Modell verwendet, das im Schritt mit Druckknöpfen verschließbar ist.

Der Anzug wurde innen mit Kabelführungen für die Kopfelektroden (EEG, EOG, EMG, oronasaler Luftfluss), für den thorakalen und abdominellen Messgürtel und die EKG-Elektroden versehen. Weiterhin wurde eine Tasche für den Lagesensor und den Bewegungsmelder aufgenäht. Die Kabel werden in einem Stoffschlauch als Kabelbaum zum Messgerät geführt. Die Zugentlastung wird durch Klettbänder erreicht.

Vor der Messung werden die Kabel und Messgürtel im Anzug durch die Kanäle geführt und die Sensoren in den mit Klettverschluss versehenen Taschen untergebracht, so dass das eigentliche „Verkabeln" am Patienten sehr rasch geschehen kann.

TeleBär - Überwachung von Risikopatienten

Im Jahr 2001 verstarben bundesweit 429 Säuglinge, die das erste Lebensjahr noch nicht erreicht hatten, an plötzlichem Kindstod. Davon waren 370 Kinder im Alter von 28 Tagen bis zu einem Jahr. 1999 gab es noch ca. 600 Fälle von SIDS (Sudden Infant Death Syndrom). Aufgrund verbesserter Vorsorge hat sich die Anzahl der am plötzlichen Kindstod verstorbenen Kleinkinder im Zeitraum von. 1990 - 2000 etwa halbiert (Statistisches Bundesamt).

Als Ursachen werden neben einer genetischen Disposition eine Unreife des Atemzentrums und Infektionen diskutiert. An bekannten Risikofaktoren stehen die Bauchlage des Kindes und der Verdacht auf mangelnde Fürsorge an vorderer Stelle.

Abbildung 24: Risikofaktoren für den plötzlichen Kindstod. (18).

Die Angst vor dem plötzlichen Kindstod belastet viele Eltern, insbesondere wenn sie schon ein Kind auf diese Weise verloren haben.

Der Telebär ist ein Mobilfunkbasiertes Überwachungssystem, das den Eltern wie auch dem mit dem Monitoring betrauten Ärzten größte Mobilität verleiht.

Die Verbindung eines physiologischen Messsystems mit einem Mobiltelefon erlaubt eine mehrtägige Datenaufzeichnung und Überwachung von Risikopatienten.

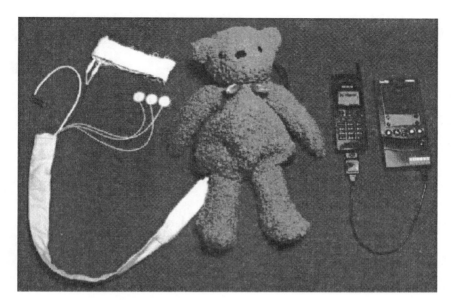

Abbildung 25: TeleBär und mobiles Datendisplay für den Arzt

Der Säugling wird mit Atemgurt, EKG-Elektroden, Sauerstoffsensor und Temperaturfühler versorgt. Aufgezeichnet werden EKG, Herzrate, Pulswellenlaufzeit, SpO₂, Puls, Atembewegung und Temperatur. Die Alarmparameter können individuell eingestellt werden.

Der Datenrekorder ist zusammen mit dem Mobilfunkgerät in einem Teddy-Bär-Rucksack untergebracht.

Die Sensordaten werden kontinuierlich erfasst und im Gerät auf eine Compact Flash Speicherkarte geschrieben. Wird ein kritischer Messwert über- bzw. unterschritten, wird sofort eine Alarm-SMS an das Mobiltelefon des Arztes gesendet. Der Arzt kann aus der Textmeldung auf dem Handydisplay alle Messwerte zum Zeitpunkt der Alarmauslösung ersehen.

Bei Verwendung eines PDA wird zusätzlich der Verlauf über die letzten 5 Minuten, die dem Alarmereignis vorausgingen, dargestellt. Mit dem PDA ist es dem Arzt auch möglich, sich zur Beurteilung der Gefährdung die momentanen

EKG-, Atmungs- und Pulskurven sowie die Herzrate und SpO_2-Werte online abzurufen.

Aufgrund dieser diagnostischen Möglichkeiten können die Eltern über das im Teddyrucksack befindliche Mobiltelefon in ihren Erste Hilfe Maßnahmen angeleitet werden.

Die unten stehende Abbildung zeigt eine Messung bei einem 3 Monate alten Säugling mit einer Pierre-Robin-Sequenz. Aufgrund dieser Missbildung kam es intermittierend zur Verlegung des Rachenraumes. Die daraus resultierende Atmungsbehinderung führt zu deutlichen Abfällen des SpO_2, in der Atmungskurve sind deutlich die verstärkten Atmungsanstrengungen ersichtlich, mit denen das Sauerstoffdefizit wieder ausgeglichen wird. Die ausgelösten Alarme sind im Status-Kanal dargestellt. Ein Alarm wurde ausgelöst, nachdem der gemessene SpO_2 unter den Wert 85 % gefallen war. Dabei wurden die in den folgenden Abbildungen dargestellten Messwerte an das Funktelefon des Untersuchers gesandt.

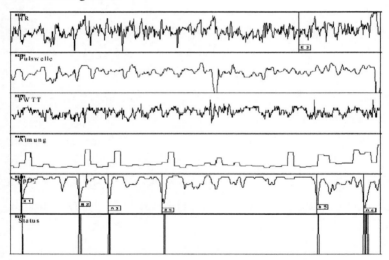

Abbildung 26: Gesamtübersicht einer Messung bei einem Säugling mit 6 Alarmsituationen. Dargestellt sind Herzrate, Puls, Pulswellenlaufzeit, Atemanstrengung, die Sauerstoff-Sättigungswerte und ein Statuskanal, in dem die erkannten Alarmsituationen aufgezeichnet wurden.

70

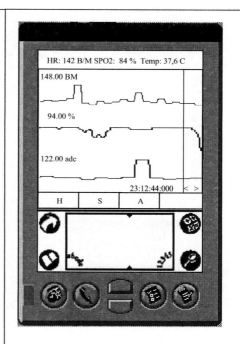

Abbildung 27: Darstellung der bei Alarmauslösung gesendeten Kurznachricht (SMS) auf dem Display des Mobiltelefons.

Abbildung 28: Darstellung der Kurznachricht (SMS) auf einem PDA. Aktueller Wert der Herzrate, SpO2 und Körpertemperatur. Die Kurven zeigen den Verlauf der Herzrate, SpO2 und Atemanstrengung in den letzten 5 Minuten vor dem Alarm.

Man sieht deutlich am Ende der mittleren Kurve den Abfall des SpO2 Wertes unter 85 % wodurch der Alarm ausgelöst wurde.

Eine Überwachung zu Hause ermöglicht zwar eine rasche Hilfestellung bei der Diagnose, jedoch bestehen in der Regel nicht die Möglichkeiten einer sofortigen ärztlichen Intervention. Trotzdem ergeben sich auch hier entscheidende Vorteile. Ein hinzugezogener Notarzt kann vom überwachenden Institut, wo sowohl die aktuellen Daten als auch die Krankengeschichte des Patienten vorliegen, wichtige Informationen für sein Handeln bekommen. Auch können die Eltern eines kranken Kindes eventuell so geschult werden, dass sie nach ärztlicher Anweisung lebensrettende Maßnahmen durchführen können. Nicht zu unterschätzen ist auch die psychische Entlastung, wenn man weiß, dass die vitalen Funktionen eines Angehörigen

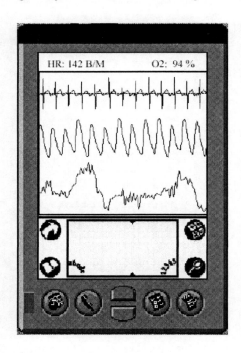

Abbildung 29: Telemetrische Online Abfrage von Herzrate, SpO2, EKG, Pulskurve, und Atemkurve. Nach Aufnahme der Online-Verbindung ist das SpO2 wieder auf einen normalen Wert gestiegen. EKG, Puls und Atemkurve sind regelrecht.

zu Hause fortlaufend ärztlich überwacht werden.

Literaturverzeichnis

Bennett, D.R. & Gardner, R.M. (1970) A model for the telephone transmission of six-channel electroencephalograms. Electroencephalogr. Clin. Neurophysiol. 29, 404-8.

Chapman, S. & Schofield, W.N. (1998) Lifesavers and Samaritans: emergency use of cellular (mobile) phones in Australia Accid. Anal. Prev. 30, 815-9.

Dobrev, D. & Daskalov, I. (1998) Two-electrode telemetric instrument for infant heart rate and apnea monitoring. Med. Eng. Phys. 20, 729-34.

Houyel, L., Fournier, A., Centazzo, S. & Davignon,A. (1992) Use of transtelephonic electrocardiographic monitoring in children with suspected arrhythmias. Can. J. Cardiol. 8, 741-4.

Jain, A., Martens, W.L.J., Mutz, G., Weiss, R. & Stephan, E. (1996) Towards a Comprehensive Technology for Recording and Analysis of Multiple Physiological Parameters within their Behavioral and Environmental Context. In: J. Fahrenberg & M. Myrtek (Eds). Ambulatory Assessment. Computer-assisted Psychological and Psychohysiological Methods in Monitoring and Field Studies.: Hogrefe & Huber Publishers Seattle: 215 - 235.

Jain, A., Weiss, R., Fricke, L., Köhn, M., Krohm, M-L., Steinhausen, A., Mutz, G. & Stephan, E. (1997) High quality ambulatory sleep monitoring. Journal of Psychophysiology 12, 199.

Johnson, P. (1998) The clinical and economic advantages of remote, community-based physiological assessment. J. Telemed. Telecare 4, 64-6.

Klockgether, T., Schroth, G., Diener, HC. & Dichgans, J. (1990) Idiopathic cerebellar ataxia of late onset: Natural history and RMI morphology. J Neurol Neurosurg Psychiatr 53, 297-305.

Löwel, H., Hörmann, A., Gostomzyk, J. & Keil, U. (1999) Epidemiologie des plötzlichen Herztodes: Was hat sich verändert? Ergebnisse des MONICA Augsburg Herzinfarktregisters 1985-95. Herzschr Elektrophys; 10 (Suppl.2): II/1-II/7.

Mucha, R.F., Weiss, R. & Mutz, G. (1997) Detection of the erect position in the freely-moving human: Sensor characteristics, reliability, and validity. Physiology & Behavior 61, 293-300.

Rissam, H.S., Kishore, S., Bhatia, M.L. & Trehan, N. (1998) Trans-telephonic electrocardiographic monitoring-experience in India. J. Telemed. Telecare 4, 8-11.

Stening, W., Nitsch, P., Kribs, A., Weiss, R., Fricke, L., Wassmer, G. & Roth, B. (1999) Beobachtung der Vitalparameter früh- und reifgeborener Kinder während des Tragens in Tragehilfen. Monatsschr Kinderheilk; 147. Suppl. 2.

Stephan, E., Alfer, D., Feist, A., Fricke, L., Mühlensiep, M., Weiss, R. & Siep, J. (2001) Feasibility of Ambulatory Sleep Diagnosis. In J. Fahrenberg & M. Myrtek (Eds), Progress in Ambulatory Assessment. Seattle: Hogrefe & Huber Publishers, 535-548.

Stephan, E., Mutz, G., Feist, A. & Weiss, R. (2001) Some new Developments in Ambulatory Assessment Devices. In J. Fahrenberg & M. Myrtek (Eds), Progress in Ambulatory Assessment. Seattle: Hogrefe & Huber Publishers 561-568.

Weiss, R., Jain, A., Mutz, G. & Stephan, E. (1997) Monitoring of physiological key functions of free moving patients via mobile phones. In: Penzel, T., Salmons, S. & Neuman, M. R. (Eds). Biotelemetry XIV. Proceedings of the Fourteenth International Symposium on Biotelemetry. Marburg: Tectum Verlag, 161 - 166.

Zywietz, C., Mertins, V., Assanelli, D., Malossi, C. (1997) ECG Telemetry Experiments for early Cardiac Emergency Treatment In: Penzel, T., Salmons, S. & Neuman, M. R. (Eds). Biotelemetry XIV. Proceedings of the Fourteenth International Symposium on Biotelemetry. Marburg: Tectum Verlag, 305 - 310.

www.MedicML.de

www.m-ww.de/sexualitaet_fortpflanzung/geburt/ploetzlicher_kindstod.html

DIE ARBEITEN WILLEM MASTENBROEKS ALS GRUNDLAGE EINER DIFFERENZIALPSYCHOLOGISCHEN VERHANDLUNGSFORSCHUNG[*]

Thomas Raddatz

Mastenbroeks Quellen und die Entwicklung seines Modells

Der niederländische Organisationstheoretiker und Managementberater Willem Mastenbroek hat in den 80er Jahren des letzten Jahrhunderts ein Verhandlungsmodell entwickelt, das im Folgenden als geeignetes Ausgangskonzept einer differenzialpsychologischen Betrachtung des Phänomens „Verhandeln" vorgestellt werden soll.

Mastenbroeks Ansatz unterscheidet sich in seiner Zielsetzung, zugleich umfassend und praxisnah zu sein, von zahlreichen anderen Ansätzen in der Verhandlungsforschung (vgl. z. B. Schwinger & Kayser, 1987). Da dieses Modell vergleichsweise wenig rezipiert wurde und damit eher unbekannt ist, erscheint es besonders sinnvoll, zum Einstieg einen Blick auf die Erkenntnisquellen seines Urhebers zu werfen, die teils konventionell, teils aber auch ungewöhnlich (oder besser gesagt: im Mainstream der Verhandlungsforschung wenig gebräuchlich) sind.

Konventionell (und für eine Theorie mit Anspruch auf Wissenschaftlichkeit selbstverständlich) ist seine erste Quelle, nämlich die Berücksichtigung des (seinerzeit) aktuellen Forschungsstandes und der Rückgriff auf die moderne Verhandlungsliteratur. Eine herausgehobene Rolle kommt hierbei dem Werk von Walton und McKersie (1965) zu, die in ihrer Betrachtung von Verhandlungen als

---

[*] Dieser Artikel entspricht – mit geringfügigen Veränderungen - einem Kapitel aus der 2003 als Dissertation an der Philosophischen Fakultät der Universität zu Köln angenommenen Arbeit „Dimensionen des Verhandlungsstils".

Komplex verschiedener Aktivitäten direkte Vorläufer (und Vorbilder) von Mastenbroek sind. Auf Walton und McKersie geht auch die Differenzierung zwischen distributivem und integrativem Verhandeln zurück, die seitdem Allgemeingut in der Verhandlungsforschung geworden ist (vgl. z. B. Raiffa, 1982; Lewicki, Litterer, Saunders & Minton, 1993, Bartos, 1995): Ersteres ist auf einseitige Nutzenmaximierung gerichtet, während letzteres einen gemeinsamen Problemlösungsprozess mit Optimierung des beiderseitigen Nutzens beinhaltet. Während die experimentelle Verhandlungsforschung in der Regel bereits mit der Art der verwendeten Aufgabe festlegt, welche der beiden Arten einer Verhandlung untersucht wird, betont Mastenbroek (1984/1992, S. 31 f.), dass reale Verhandlungssituationen meistens beide Aspekte gleichzeitig beinhalten (so dass, wie sich hinzufügen ließe, eine Trennung der beiden nur analytisch möglich und sinnvoll ist).

Dass die vorhandene wissenschaftliche Literatur mit ihren in die Hunderte gehenden Einzelstudien ihm zur Entwicklung eines Verhandlungsmodells nicht ausreichte, begründet Mastenbroek (1984/1992) mit der dort vorzufindenden Vernachlässigung praktischer Probleme und ihrem fehlenden Realitätsbezug. Er ging einen anderen, eher „unakademischen" Weg und verschaffte sich eine zweite Quelle der Theorieentwicklung, indem er sein Modell im intensiven Austausch mit Verhandlungspraktikern aus Politik und Wirtschaft ausarbeitete. Dies geschah in Interviews, Workshops, Analysen von Simulationen und Fallstudien, Gruppendiskussionen und Konferenzen. Hingegen hat Mastenbroek eigene (im strengen Sinne) *empirische* Forschungsarbeiten zum Thema nicht durchgeführt bzw. zumindest nicht publiziert.

Eine dritte Erkenntnisquelle, die zwar dem akademischen Denken nicht grundsätzlich fernsteht, aber doch innerhalb der Verhandlungsforschung etwas exotisch anmutet, ist Mastenbroeks historischer Ansatz. Er betrachtet das Phänomen Verhandlung und seine Wandlungen aus einer dezidiert kulturhistorisch-soziologischen Perspektive, die

Verhandeln als Emotions-Management begreift. Dabei arbeitet Mastenbroek (1984/1992, 2000) verschiedene Entwicklungsstadien in der Kunst der Verhandlung heraus: Von einer eher oberflächlichen Triebrepression (Kampf, Flucht, Unterwerfung) noch in der frühen Neuzeit ging die Entwicklung in Richtung einer gleichmäßigeren Selbstbeherrschung und Impulskontrolle, allerdings auch einer maskenhaften Kommunikation (höfisches Ideal des 18. Jahrhunderts), bis schließlich in der heutigen Zeit eine weniger strenge Selbstbeherrschung („kontrollierte Dekontrollierung von Affekten"), parallel aber auch eine größere Verlässlichkeit von Verhandlungsbeziehungen favorisiert werden.[1]

Mastenbroek begann mit seinen Veröffentlichungen zum Thema Verhandeln vor gut zwanzig Jahren. Mit Blick auf den Stand der Verhandlungsforschung am Ende der siebziger Jahre des 20. Jahrhunderts stellt er fest: „Comprehensive frameworks that offer insights in the negotiating process as a whole are missed." (1980, p. 325). Sein Anspruch ist klar: Er möchte ein theoretisches Modell entwickeln, das gleichermaßen als Rahmenmodell der akademischen Forschung und als Hilfe für Verhandlungspraktiker dienen soll. Dabei sind für ihn zwei Perspektiven von grundlegender Bedeutung:

(1) Er sieht Verhandlung als eine Reihe von Dilemmas, die von der grundlegenden Kooperation-Kampf-Polarität abgeleitet sind.

(2) Verhandeln ist eine Mixtur aus einer überschaubaren Zahl von Aktivitäten.

ad (1): Der Ausgangsgedanke, dass Verhandeln eine vermittelnde Zwischenposition zwischen den extremen „Kooperation" und „Kampf" einnimmt, ist bei Mastenbroek über die Jahre praktisch unverändert geblieben. Er verzichtet auf eine explizite

---

[1] Für die Verhandlungspraxis ist hierbei bemerkenswert, dass Mastenbroek die analoge Gültigkeit der evolutionstheoretischen Formel „Ontogenese als Wiederholung der Phylogenese" behauptet: *„Ein erwachsener Unterhändler zu werden, bedeutet, daß wir die gleiche Entwicklung in komprimierter Form durchlaufen."* (1984/1992, S., 196; Kursivdruck im Original).

Definition aller drei Begriffe und kennzeichnet sie stattdessen als Strategien, die in unterschiedlichen Situationen angemessen sind:

> *Cooperation* is appropriate if interests and goals are similar. It is the obvious method if the benefits for those concerned are directly dependent on the degree to which they can pool their resources.
>
> *Negotiation* is the correct strategy when interests are different or opposed if there is so much mutual dependence that an agreement has advantages for both parties. In this case, parties disagree but are willing to come to an agreement because letting things drift or fighting would be disadvantageous for both parties.
>
> *Fighting* is the most likely strategy when either party thinks it can win more by fighting than by negotiating. Sometimes it is used from a powerless position to build up a strong negotiating position. A fighting strategy is concerned with obtaining mastery. One tries to reduce the opponent to submission.
>
> (Mastenbroek, 1980, p. 326; Kursivdruck im Original)

Neben dieser finalen Bestimmung erfahren die Begriffe eine gewisse Explikation dadurch, dass Mastenbroek eine ganze Reihe von Taktiken aufführt, die sich den Strategien zuordnen lassen, wodurch diese „durchdekliniert" werden (1980, p. 326 f.; 1984/1992, S. 25 ff.). Des Weiteren betont er, dass diese Begriffe ein Kontinuum mit fließenden Übergängen bzgl. der Art und Weise darstellen, wie Gesprächspartner miteinander umgehen können.

ad (2): Mastenbroek sieht die Tätigkeit des Verhandelns als eine Kombination aus mehreren parallel ablaufenden Prozessen oder Aktivitäten, die sich jeweils, wie der Verhandlungsbegriff insgesamt, durch bipolare Spannungsfelder (Mastenbroek nennt sie „Dilemmas") kennzeichnen lassen.

Zunächst unterscheidet er vier Arten von Aktivitäten und sechs Dilemmas, die sich eindeutig den Aktivitäten zuordnen lassen. Dabei ist jeder Teilprozess mit einer bestimmten Absicht des Verhandlers verknüpft, während für die Dilemmas charakteristisch ist, dass ein Verhandler sorgfältig die zwischen Extremen liegenden Chancen und Risiken abwägen muss.

(a) *Aktivitäten, die sich direkt auf die Aufteilung der in Frage stehenden Güter bzw. auf die Verteilung von Nutzen und Lasten beziehen („distribution of benefits and burdens"*). Die Intention besteht darin, durch die Aufteilung knapper Ressourcen Resultate (Verhandlungsergebnisse) zu erzielen und ein (für sich selbst) vorteilhaftes Abkommen zu erhalten. Mastenbroek sieht hier zwei Dilemmas, nämlich das Informations-Dilemma (soll der Verhandler eher Informationen zurückhalten oder diesbezüglich offen sein?) und das Druck-Dilemma (soll der Verhandler unnachgiebige Festigkeit zeigen oder Konzessionsbereitschaft signalisieren?).

(b) *Aktivitäten, die die persönlichen Beziehungen und das Verhandlungsklima beeinflussen.* Hier besteht die Zielsetzung darin, respektvolle persönliche Beziehungen und ein konstruktives Klima zu fördern. Auch hier gibt es zwei Dilemmas: Das Glaubwürdigkeits-Dilemma (soll der Verhandler versuchen, Vertrauen zu erwecken, oder soll er eher drohend und verwirrend auftreten?) und das Abhängigkeits-Dilemma (soll der Verhandler die wechselseitige Abhängigkeit betonen oder nur seine eigenen Interessen?).

(c) *Aktivitäten, mit denen ein Verhandler seine „Basis", der er verantwortlich ist („rank and file"), beeinflusst.* Diese zielen darauf, die eigene Position als Vertreter („representative") zu festigen. Das hier bestehende Repräsentations-Dilemma läuft auf die Frage hinaus, ob der Verhandler sich völlig von den Vorgaben seines „Wahlkreises" („constituency") abhängig macht (was dort wahrscheinlich zu einem hohen Ansehen führt, aber gleichzeitig das Risiko von Eskalation und Scheitern bei der Verhandlung in sich trägt), oder ob er sich einen erweiterten Verhandlungsspielraum verschafft.

(d)   *Aktivitäten, die darauf ausgerichtet sind, das Machtgleichgewicht („balance of power") zwischen den Parteien zu beeinflussen – mit dem Ziel einer vorteilhaften Machtbalance.* Das Macht-Dilemma stellt den Verhandler vor die Entscheidung, ob er eine die Gegenseite dominierende Position einnehmen möchte oder das Gleichgewicht favorisiert.

Intent of Process	Type of Dilemma						

Intent of Process	Type of Dilemma						
Obtaining results by dividing scarce resources and receiving a favorable deal.	The Information Dilemma						
		1	2	3	4	5	
	open	├─────────────┼─────────────┤					closed
	The Pressure Dilemma						
		1	2	3	4	5	
	flexible, compliant	├─────────────┼─────────────┤					firm, rigid
Promoting respectful personal relations and a constructive climate.	The Credibility Dilemma						
		1	2	3	4	5	
	inspiring confidence	├─────────────┼─────────────┤					threatening, confusing
	The Dependency Dilemma						
		1	2	3	4	5	
	stressing mutual dependence	├─────────────┼─────────────┤					stressing own interests
Establishing a favorable balance of power.	The Power Dilemma						
		1	2	3	4	5	
	maintaining the balance of power	├─────────────┼─────────────┤					trying to dominate
Consolidating one´s position as a representative.	The Representation Dilemma						
		1	2	3	4	5	
	trying to enlarge the integrative space	├─────────────┼─────────────┤					maintaining partisanlike behavior, dependency toward one´s constituency

Abb. 1: Verhandeln als Komplex aus vier Prozessen, die mit sechs Dilemmas verbunden sind (aus Mastenbroek, 1980, p. 338)

Mastenbroek ergänzt diese insgesamt eher statische Betrachtung des Verhandlungsphänomens (vgl. Abbildung 1) um ein (vorläufiges) Phasenmodell, das er der erstgenannten Aktivitätsebene zuordnet und bei dem er vier Phasen differenziert: Die Vorbereitung, verbale Feuerwerke (Präsentation der eigenen Forderungen und festen Standpunkten, verbunden mit harscher Kritik an der Gegenseite), psychologische Kriegsführung (mittels Argumenten, Bluffs und Drohungen sollen der Gegenseite Zugeständnisse abgerungen werden) sowie – als letzte Phase – Krise und Übereinkunft.

Im Hinblick auf die spätere Formulierung des Modells fällt bei dieser frühen Version auf, dass manches noch sehr disparat nebeneinander steht und unfertig oder unzureichend durchdacht wirkt. Dies gilt z. B. für die Dilemmas, die eine Reihe von Fragen aufwerfen:

Kann man überhaupt von einem Dilemma (also der Wahl zwischen einander ausschließenden Alternativen) sprechen, wenn es genauer betrachtet eher um ein Mehr-oder-weniger statt eines Entweder-oder geht?

Welchen Sinn ergibt die Verwendung des Dilemmabegriffs insbesondere da, wo die eine Seite des Dilemmas offenbar die wesentlich attraktivere bzw. empfohlene Alternative ist (am deutlichsten beim Macht-Dilemma, dessen eine Alternative exakt der behaupteten Intention dieser Aktivitätsebene entspricht)?

Wie stehen die eingeführten Begriffe (Dilemma, Intention des Prozesses/der Aktivitäten, Polarität Kampf-Kooperation) zueinander in Beziehung? Hier ist noch kein schlüssiges Gesamtkonzept erkennbar.

Mastenbroek hat selbst freimütig zugegeben, dass die Entwicklung seines Modells einem Trial-and-error-Prozess folgte (1991, p. 390), und dies merkt man zu diesem Zeitpunkt (1980) besonders deutlich. Bemerkenswert ist des Weiteren Mastenbroeks Handhabung normativer Aussagen (im Sinne von Empfehlungen). Solche fließen zwar an einigen Stellen in das Modell ein (was später noch kritisch zu reflektieren sein wird), aber letztlich ist sein Modell hier nur insofern präskriptiv, als er eine allgemeine Entwicklungsrichtung angibt. So heißt es mit Blick auf das hier als Abbildung 1 wiedergegebene Schaubild:

> *"There are no right or wrong scores for the dilemmas in Figure 4. In some instances ,positive' behavior at the left side of each scale can produce very bad or even destructive results. Generally in negotiations there are strong behavioral tendencies toward the right side of the scale. The challenge is to move gradually and reciprocally toward the left but certainly not to the extreme."*
>
> *(Mastenbroek, 1980, p. 337)*

In der Endversion seines Verhandlungsmodells wird er diesbezüglich wesentlich konkreter.

In den folgenden Jahren hat Mastenbroek sein Modell einerseits ausdifferenziert, andererseits aber auch vereinfacht bzw. kompakter gemacht. Der Artikel von 1983 bringt zunächst eine deutliche Komplexitätsreduktion des Modells, verbunden mit einer Präzisierung der präskriptiven Stoßrichtung. Die Begriffe Kooperation, Verhandlung und Kampf werden in prinzipiell gleicher Weise wie zuvor gebraucht, allerdings mit dem feinen Unterschied, dass sie durchgehend als in der jeweiligen Ausgangslage *wahrscheinliche* (und nicht als empfehlenswerte) Strategien vorgestellt werden. Mastenbroek (1983) spricht nun von „four dilemmas" anstelle der vorherigen sechs. Diese Dilemmas werden nun mit den entsprechenden Aktivitätsarten gleichgesetzt, wobei die bipolaren Skalen neu definiert werden:

Dilemma 1: Nachgiebig vs. stur (conceding vs. stubborn) – Aktivitäten mit direktem Bezug zu greifbaren Ergebnissen („tangible results") bzw. der vorteilhaften Aufteilung von Kosten und Nutzen. In der Skala wird der Aspekt des Konzessionsverhaltens betont, während der Aspekt der Informationspolitik nun zu einer Subaktivität wird.

Dilemma 2: Jovial vs. feindselig (jovial vs. hostile) – Auch hier findet in der Skalenbenennung eine Komplexitätsreduktion statt, deren pragmatischer Gewinn (neben der Reduktion von zwei Skalen auf eine einzige) darin besteht, dass es sich nun um verhaltensnähere Begriffe handelt.

Dilemma 3: gefügig vs. herrschsüchtig (bending vs. domineering) – Eine qualitative Neuerung zeigt sich an dieser Stelle darin, dass nun die Machtdimension nicht mehr nur einseitig betrachtet wird (aktives machtrelevantes Verhalten), sondern auch der Umgang mit den Machtaktivitäten der Gegenseite berücksichtigt wird.

Dilemma 4: nicht verpflichtet vs. übermäßig verpflichtet (uncommitted vs. overcommitted) – Unter Beibehaltung der Grundidee findet hier (ähnlich übrigens wie bei Dilemma 3) eine Erweiterung der ursprünglichen Skala nach links statt (was unmittelbar mit der normativen Neuadjustierung des Modells zu tun haben dürfte).

Die Skalen mit ihren begrifflichen Verankerungen sind in Abbildung 2 wiedergegeben.

Mastenbroek kann sich hier nun zu einer klaren Empfehlung an die Verhandlungspraktiker durchringen: „Midpoints on the scales represent the optimal balance between cooperation and fighting - the approach which is most likely to lead to successful negotiations." (1983, p. 77). Die in diesen Worten angedeutete

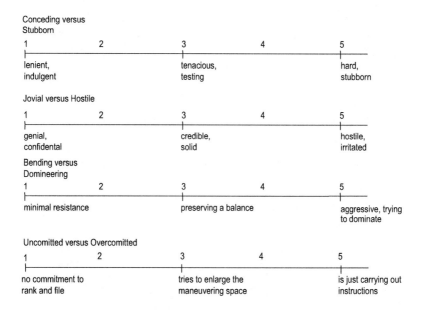

Abb. 2: Verhandeln als Komplex von vier bipolaren Dilemmas bzw. Aktivitäts-arten (nach Mastenbroek, 1983)

Zusammenführung der Dilemma-Skalen mit der Kampf-Kooperation-Polarität wird in der Endversion des Verhandlungsmodells noch deutlicher expliziert.

Es sind im Wesentlichen zwei Punkte, in denen sich das Zwischenmodell aus dem Jahr 1983 noch von der Endversion unterscheidet: Erstens erfährt die präskriptive Aussage des Modells noch einmal eine bedeutsame Verschiebung; zweitens wird eine weitere Aktivitätsdimension eingeführt, die in den Vorstufen nicht oder nur implizit enthalten ist.

Die Endfassung des Mastenbroek'schen Modells

Die Veröffentlichung von Mastenbroeks Modellvorstellungen zum Thema „Verhandeln" in einem gleichnamigen Buch (1984 auf Holländisch, 1989 auf Englisch, 1992 auf Deutsch) markiert gleichzeitig den Endpunkt seiner Theorieentwicklung, d. h. in jüngeren Veröffentlichungen (1993, 2001) sind keine substanziellen Neuerungen zu bemerken. Seinem Kernmodell fügt Mastenbroek in diesem Werk eine Reihe von ergänzenden „kleineren" Modellen hinzu. Von diesen sollen hier allerdings lediglich die Überlegungen zum persönlichen Verhandlungsstil thematisiert werden, da sie aus differenzialpsychologischer Perspektive besondere Relevanz besitzen.

Die Beschreibung des Kernmodells soll mit Mastenbroeks eigenen Worten eingeleitet werden:

> Verhandeln ist eine Frage des vorsichtigen und flexiblen Umgangs mit mehreren Dilemmas. Diese fügen sich in eine Analyse des Verhandelns als Komplex von fünf Arten von Aktivitäten ein (...):
>
> 1. Erzielen von *inhaltlichen Ergebnissen*, Aufteilung von Kosten und Nutzen, Erreichen der Ziele, die von den Interessen eines jeweiligen Verhandlungspartners bestimmt sind.
> 2. Beeinflussung des *Machtverhältnisses* zwischen den Parteien: es im Gleichgewicht halten oder zum eigenen Vorteil ausschlagen lassen.
> 3. Beeinflussung der *Atmosphäre*: Förderung eines konstruktiven Klimas und positiver persönlicher Beziehungen.
> 4. Einflußnahme auf die *Auftraggeber*: Stärkung der eigenen Position in bezug auf die Mandanten, in deren Auftrag man verhandelt.
>
> (....) Alle sind sie auf unterschiedliche Weise durch die Spannung zwischen Kooperation und Kampf charakterisiert.
>
> (Mastenbroek, 1984/1992, S. 30 f.; Kursivdruck im Original)

Diese aus der historischen Entwicklung des Modells bereits bekannten Aktivitätsdimensionen werden nun ergänzt:

Schließlich ist noch eine fünfte wichtige Aktivität zu nennen:

5. Beeinflussung der *Vorgehensweisen*: Entwicklung von Methoden, die Flexibilität erlauben, während gleichzeitig die Chancen der Erzielung eines günstigen Kompromisses verbessert werden.

Diese fünfte Aktivität ist nicht durch die Polarität zwischen Kampf und Kooperation charakterisiert, sondern, wie wir sehen werden, durch die Spannung zwischen explorierendem/aktivem und vermeidendem/passivem Verhalten.

(a. a. O., S. 31; Kursivdruck im Original)

Im Folgenden sollen für alle fünf Dimensionen jeweils die wichtigsten der von Mastenbroek aufgeführten Taktiken, die bipolare Skala und die normativen Empfehlungen für die jeweilige Aktivitätsebene kurz vorgestellt werden.

<u>Das Erzielen inhaltlicher Ergebnisse</u>

Die dieser Dimension – Mastenbroek benennt sie an anderer Stelle (a. a. O., S. 191) auch mit der Überschrift „Erkennen der eigenen Interessen" – zugehörigen Aktivitäten oder Taktiken werden unter drei Überschriften behandelt, nämlich dem Gebrauch bzw. Austausch von Informationen über Ziele, Erwartungen und akzeptable Lösungen (etwa das selektive Heranziehen von Beispielen), der Wahl bzw. Präsentation der eigenen Position (Differenzierung zwischen „definitiver" und „offener" Position) sowie dem Stichwort Zugeständnisse/Konzessio-nen. Die zugehörige Verhaltensskala – auch Dilemma genannt – wird mit den Ankern „nachgiebig" vs. „hartnäckig" versehen. Die normativen[2] Verhaltens-empfehlungen Mastenbroeks sind vor dem Hintergrund seiner These zu verstehen, dass die Frage nach dem Umgang mit dem Spannungsverhältnis zwischen Kooperation und Kampf von einem guten, professionellen Verhandler eine differenzierte Antwort auf vier Ebenen verlangt. Für die erste Ebene, der Ziel-, Inhalts- oder Interessenebene, gibt er dem Verhandler mit auf den Weg: „Das beharrliche Verfolgen der eigenen Interessen

---

[2] Die Begriffe „normativ" und „präskriptiv" werden hier synonym verwendet (vgl. auch Drosdowski, Köster & Scholze-Stubenrecht, 1982; Kromka, 1984).

und die Entwicklung eines Kompromisses, der für Sie selbst so günstig wie möglich ist, sind in diesem Zusammenhang die grundlegenden Strategien." (a. a. O., S. 97).

Die Beeinflussung des Machtverhältnisses

Mastenbroek differenziert zwischen Taktiken, die zur Stärkung der eigenen Machtposition am Verhandlungstisch selbst angewendet werden (Kampf, Manipulation, Fakten/Fachwissen, Exploration, Stärkung der Beziehung/Interdependenz, Überzeugungskraft), und solchen, die vor der Verhandlung ins Werk zu setzen sind, um die Ausgangsposition zu stärken (indem man sich z. B. Alternativen schafft oder der Unterstützung durch Dritte vergewissert). Das Dilemma auf der Macht-Ebene lautet „fügsam/wenig Widerstand" vs. „dominierend". Als Ziel (im Sinne einer Verhaltensempfehlung) nennt Mastenbroek hier ein Gleichgewicht oder eine leichte (eigene) Dominanz. Eine starke eigene Dominanz sei nicht anzustreben, da dies zu einem unproduktiven Machtkampf führe.

Die Förderung eines konstruktiven Klimas

Die der Klima-Ebene zuzuordnenden Taktiken teilt Mastenbroek in drei Kategorien ein (a. a. O., S. 58 ff.): Die Trennung von Person und (eventuell spannungsinduzierendem) Verhalten, das Vermeiden unnötiger Spannungen (was sich – zumindest partiell – z. B. durch Wortwahl und Körpersprache steuern lässt) sowie die Reduktion bereits bestehender Spannungen (etwa durch Humor oder aktives Zuhören). Er empfiehlt eine mittlere Position auf der Dilemma-Skala „jovial, vertrauensselig" vs. „feindselig, gereizt". Diese präskriptiv herausgehobene Skalenposition wird auch mit den Adjektiven „glaubwürdig" bzw. „solide" bezeichnet. Die Extreme werden abgelehnt, da sie eine vertrauensvolle Verhandlungsbeziehung erschweren (rechter Pol) bzw. die Gefahr beinhalten, ausgenutzt zu werden (linker Pol).

Das Erzielen von flexiblen Vorgehensweisen

Bei dieser Aktivitätsdimension, die in den vorangegangenen Modellversionen noch nicht enthalten war, geht es darum, inwiefern Verhandler das *„integrative Potential der Situation"* (a. a. O., S. 66; Kursivdruck im Original) ausnutzen. Hiermit ist die Suche nach bzw. das Generieren von Alternativen (von Vereinbarungen) angesprochen, die *beide* Parteien besser (oder zumindest nicht schlechter) stellen als der status quo oder bereits erörterte Alternativen. Man spricht in diesem Zusammenhang auch von *pareto-optimalen* Lösungen (vgl. etwa Crott et al., 1977). Mastenbroek (a. a. O., S. 73 ff.) nennt hier eine ganze Reihe von „Taktiken der Exploration" (u. a.: Suche nach gemeinsamen Kriterien; Suche nach gemeinsamen Interessen; Alternativengenerierung durch Brainstorming), um am Ende zusammenfassend drei – aus seiner Sicht zentrale – taktische Regeln zu formulieren: (a) gleichzeitige Behandlung mehrerer Verhandlungsgegenstände; (b) Lösungssuche nach umfassender Diagnose aus der „Vogel"-Perspektive; (c) Einsatz von Kreativitätstechniken. Die Polarität bei dieser Flexibilitäts-Ebene besteht zwischen den Extrempunkten „explorierend, flexibel, suchend" einerseits und „vermeidend, eingleisig, repetitiv" andererseits. Die normative Aussage geht dahin, sich am erstgenannten (linken) Skalenanker zu orientieren. Mastenbroek fasst die Verhaltensempfehlungen für diese und für die Ziel-/Inhaltsebene in der Faustregel „Seien Sie fest, aber flexibel!" (a. a. O., S. 80) zusammen.

Die Einflussnahme auf die Auftraggeber

Mastenbroek nennt auch hier einige einschlägige Taktiken (z. B. Mäßigung der Auftraggeberforderungen durch geeignete Vorabinformationen oder übertreibende Präsentation errungener Konzessionen), stellt aber als zentral heraus, dass die Beziehung eines Unterhändlers zu seinem/seinen Auftraggeber(n) als eine Verhandlung sui generis zu betrachten ist, die vor bzw. parallel zu den Verhandlungen mit einem externen Gegenüber abläuft – mit der Konsequenz, dass die vier zuvor genannten Dimensionen auch auf die Auftraggeberbeziehung anwendbar sind. Das Dilemma der fünften Dimension entspannt sich zwischen den Polen „(den Auftraggebern) wenig verpflichtet" und „übermäßig verpflichtet". Ersterem wohnt das Risiko inne, die Unterstützung der Auftraggeber und damit das Mandat zu verlieren, letzterer birgt die Gefahr, von der Gegenseite als Unterhändler ohne Verhandlungsspielraum wahr- und damit nicht ernstgenommen zu werden. Dementsprechend empfiehlt Mastenbroek dem Verhandler in der Unterhändlerrolle, eine mittlere Position auf der Aktivitätsdimension einzunehmen (genauer gesagt: mit dem Auftraggeber auszuhandeln), die ihm einerseits eine gewisse Bindung auferlegt (ohne die ein Unterhändler im Übrigen auch unglaubwürdig wäre), andererseits aber auch die nötige Handlungsfreiheit lässt.

Ordnet man die bipolaren Aktivitätsdimensionen in der gerade wiedergegebenen Reihenfolge untereinander an und markiert man die in den präskriptiven Aussagen herausgehobenen Bereiche der Skalen, so ergibt sich für die ersten vier Dimensionen ein Korridor des idealen Verhandlungsverhaltens von rechts oben nach links unten (vgl. die folgende Abbildung 3).

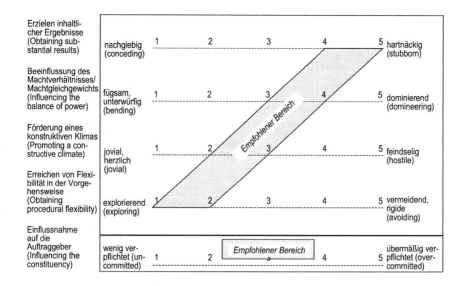

Abb. 3: Mastenbroeks Verhandlungsmodell in seiner Endfassung (1984/1992)

Die Auftraggeber-Dimension fällt aus dieser Systematik heraus; vielleicht ist dies der Grund dafür, dass Mastenbroek sie an manchen Stellen (vgl. etwa a. a. O., S. 191) aus der Betrachtung des Gesamtmodells ausschließt. Eine Sonderstellung nimmt sie in jedem Fall insofern ein, als sie logischerweise nicht bei allen Verhandlungen relevant ist, nämlich dort nicht, wo Verhandler im eigenen Namen (man könnte hinzufügen: auf eigene Rechnung) tätig werden.

Mastenbroek führt unter dem Begriff „Verhandlungsstil" zwei Modellvorstellungen ein, die nicht völlig kompatibel zueinander sind. Gegen Ende des Kapitels „Die historische Entwicklung der Kunst des Verhandelns" (1984/1992, S. 173-196) schlägt Mastenbroek eine Brücke von seiner geschichtsphilosophischen Sichtweise des Themas Verhandeln zu seinem Verhandlungsmodell. Dabei stellt er prototypisch verschiedene Verhandlungsstile als Kombinationen von Ausprägungen auf den vier Aktivitätsdimensionen Interessen, Macht, Klima und Flexibilität vor: Der „harte Verhandlungsstil" stellt die Ausprägungskombination der rechten Skalenextreme dar (hart; dominierend; feindselig; repetitiv), wohingegen der „kooperative

91

Verhandlungsstil" für die durchweg linke Seite der Dimensionen steht (nachgiebig; unterwürfig; jovial; explorierend); der „gemischte" oder „differenzierte" Stil ist mit dem eben bereits erwähnten normativen Ideal sensu Mastenbroek identisch. Dem liegt offensichtlich die Vorstellung zugrunde, dass die vier (bzw. fünf) Dimensionen des Modells voneinander *unabhängig* sind, denn sonst wäre ja ein gemischter Stil nicht möglich.

Der zweite Ansatz Mastenbroeks zu diesem Thema findet sich in dem Kapitel „Das Verhandlungsgitter und persönliche Verhandlungsstile" (1984/1992, S. 139-144). Hier postuliert er auf einmal ein nur noch zweidimensionales Modell des Verhandlungsverhaltens mit einer „Kooperation-Kampf-Achse" und einer dazu orthogonalen „Flexibel-vermeidend-Achse". Letztere ist mit der Flexibilitätsebene identisch, während erstere eine Art zusammenfassender Faktor zu den Ebenen Inhalte/Interessen, Macht und Klima darstellt. Dies jedenfalls muss man der verbalen Kennzeichnung der Extrempole entnehmen: „Kooperation" wird u. a. mit „nachgiebig", „jovial", „fördert eine gute Atmosphäre" beschrieben, „Kampf" u. a. mit „starrsinnig", „aggressiv", „will andere beherrschen". Durch Kombination der Extremausprägungen der beiden orthogonalen Achsen gelangt man zu vier Verhandlungsstilen, die Mastenbroek folgendermaßen benennt:

der ethische Stil (kooperativ und vermeidend)

der analytisch-aggressive Stil (kämpfend und vermeidend)

der flexibel-aggressive Stil (kämpfend und flexibel)

der joviale Stil (kooperativ und flexibel)

Bemerkenswerterweise übt Mastenbroek an dieser Stelle normative Abstinenz und enthält sich einer Empfehlung. Statt dessen zieht er sich auf die Aussage zurück, „daß der Effekt eines jeden Stils von der jeweiligen Situation abhängt, in der er angewendet wird: Deshalb ist vielleicht der beste Stil derjenige, der sich optimal an die jeweiligen Bedingungen anpaßt." (a. a. O., S. 139).

Die Problematik des Nebeneinanderstehens dieser zwei Blickrichtungen auf den Verhandlungsstil wird im folgenden Abschnitt thematisiert.

Kritische Würdigung von Mastenbroeks Modellvorstellungen

Mastenbroeks Denken ist durch das Aufweisen und Ausgehen von dialektischen Gegensätzen und Spannungszuständen charakterisiert, wobei sich zwei Grundideen durch seine Modellentwicklung zum Gegenstand „Verhandeln" hindurchziehen: Die erste Idee besteht darin, die Tätigkeit „Verhandeln" im Spannungsfeld der Basisstrategien „Kooperation" und „Kampf" zu verorten. Die zweite (und nach Meinung des Verfassers fruchtbarere) Idee besteht darin, die Tätigkeit „Verhandeln" in eine überschaubare und durch jeweils bipolare Skalen beschreibbare Aktivitätsdimensionen zu zerlegen, wodurch er zu seinem „Kernmodell" gelangt. Das Problem besteht nun darin, dass Mastenbroek versucht, diese beiden Ideen zu einem Gesamtmodell zu verschmelzen – was ihm letztlich nicht völlig schlüssig gelingt.

Dies wird an seinen Ausführungen zum Thema Verhandlungsstil deutlich: Akzeptiert man das zweidimensionale Modell mit den Achsen Kampf-Kooperation sowie flexibel-vermeidend, so steht man ratlos vor dem Kernmodell, das einen „gemischten Stil" (der eben nicht nur eine mittlere Ausprägung auf einer eindimensionalen Größe darstellt!) als möglich und sogar empfehlenswert beschreibt, den es aber eigentlich gar nicht geben dürfte. Anders ausgedrückt: Es ist zwar logisch möglich, die linken Extreme im Kernmodell mit dem Label „Kooperation" und die rechten mit dem Label „Kampf" zu versehen, aber wenn man dann hingeht und diese Kennzeichnungen als eigene eindimensionale Achse konzeptualisiert, dann negiert man die zuvor als sinnvoll herausgestellte Differenzierung der verschiedenen Aktivitätsebenen. Hinzu kommt der Begründungsnotstand, warum ausgerechnet die Flexibilitätsebene als eigenständige, unabhängige Dimension übrigbleibt.

Im Zusammenhang mit den hier diskutierten Inkonsistenzen wird auch das Fehlen spezieller empirischer Untersuchungen, die die Modellbildung stützen könnten, schmerzlich spürbar. Mastenbroek greift zwar an vielen Stellen auf die empirische und theoretische Tradition der Verhandlungsforschung zurück (was ihn aus der Masse der praxisorientierten Autoren positiv heraushebt), jedoch berichtet er nirgends über eigene empirische Daten, die geeignet wären, seine konzeptuellen Aussagen zu untermauern. Empirische Belege wären insbesondere bei den präskriptiven Aspekten des Kernmodells sehr wünschenswert. Man kann Mastenbroeks normativen Aussagen zugute halten, dass sie zumeist plausibel sind und sich z. T. auch mit Empfehlungen anderer namhafter Autoren decken. So findet sich z. B. der Grundgedanke der Empfehlung, fest (bei den inhaltlichen Ergebnissen), aber flexibel (bei den Vorgehensweisen) zu sein, auch im sog. Harvard-Konzept (Fisher et al., 1981/1993a) sowie in Pruitts „flexible-rigidity-hypothesis" (1981), die für das Erreichen integrativer Lösungen Flexibilität bei den Mitteln („means"), nicht jedoch bei den Zielen („ends") nahelegt. Andere Ratschläge Mastenbroeks erscheinen aber – gerade mit Blick auf den vorliegenden Forschungsstand – zumindest diskutabel, so z. B. die Empfehlung, auf der Machtebene ein Gleichgewicht bzw. eine leichte eigene Überlegenheit anzustreben. Hiergegen ließe sich mit Pruitt und Carnevale (1993) einwenden, dass gerade ein *leichtes* Machtgefälle in einer Verhandlung das Risiko eines fruchtlosen Machtkampfes in sich birgt.

Was sind nun die Stärken von Mastenbroeks Konzept, die seine Eignung als theoretischer Ausgangspunkt einer Differenzialpsychologie des Verhandelns ausmachen? Abgesehen von seiner Praxisbewährung im wirtschaftspsychologischen Verwertungszusammenhang[3] sind es vor allem die vielfältigen Bezüge und Schnittstellen des Modells zu untereinander ansonsten eher unverbundenen

---

[3] Dass das Mastenbroek-Modell (nota bene das Kernmodell!), wie der Verfasser als wirtschaftspsychologischer Praktiker aus intensiver eigener Erfahrungen bestätigen kann, hervorragend geeignet ist, Verhandlungsverhalten zu analysieren und über Planung und Training zu optimieren, spricht zunächst einmal für die Augenscheinvalidität des Modells sowie seine Common-sense-Kompatibilität.

Einzelbefunden und Mini-Theorien der Verhandlungsforschung. Anders gesagt: Das Mastenbroek-Modell hat das Potenzial zu einer integrativen (Rahmen-)Theorie des Verhandlungsverhaltens, weshalb seine Wahl als Grundlage einer differenzialpsychologischen Modellentwicklung mit hoher Wahrscheinlichkeit keine wichtige Facette des Verhandlungsverhaltens a priori ausblendet. Umgekehrt gilt, dass in der zeitgenössischen wissenschaftlichen Verhandlungsliteratur die in Mastenbroeks Kernmodell reflektierten Aspekte sämtlich als wichtige bzw. zentrale Variablen im Verhandlungsgeschehen beschrieben werden:

Inhalts- bzw. Interessenebene: Sie ist überall dort angesprochen, wo Verhandlungsgegenstände (issues), Ziele, Motive und das Konzessionsverhalten zum Forschungsgegenstand wurden (vgl. u. a. Schwinger & Kayser, 1987; Kelly & Müller, 1989; Northcraft & Neale, 1991; Lax & Sebenius, 1993; Druckman, 1994; Polzer & Neale, 1995; Thompson, 1995; O'Connor, 1997; Vorauer & Claude, 1998).

Machtebene: Quellen, Anwendung und Auswirkungen von Macht (power) in Verhandlungen sind vielfach beschrieben und untersucht worden (Mannix & Neale, 1993; Fisher, Ury & Patton, 1993b; Shapiro & Bies, 1994; de Dreu, 1995; Charles, 1995; Rubin & Zartman, 1995; Zartman, 1997). „Bargaining power is the essence of the negotiation", formuliert Rojot (1991, p. 47), und meint damit – ganz im Sinne Mastenbroeks – dass die *wechselseitige* Beeinflussungsmöglichkeit eine Situation zur Verhandlung mache, während man weder im Falle einer totalen Kontrolle einer Seite über die andere noch bei völliger Machtlosigkeit einer Seite gegenüber der anderen von einer Verhandlungsbeziehung sprechen könne.

Klimaebene: Zwei Forschungsstränge sind dieser Dimension zuzuordnen, nämlich zum einen die Beschäftigung mit der Beziehung (relationship) zwischen den Verhandlungsparteien (Greenhalgh & Gilkey, 1993; Savage, Blair & Sorenson, 1993; Greenhalgh & Chapman, 1995) und zum anderen die Untersuchungen zu emotionalen Zuständen (Stimmungen, Affekte; Vertrauen) in Verhandlungen (Daly, 1993; Barry &

Oliver, 1996; Ross & LaCroix, 1996; Kumar, 1997; Allred, Mallozzi, Matsui & Raia, 1997; Forgas, 1998).

Flexibilitätsebene: Zwar hat der Begriff „flexibility" erst vergleichsweise spät Eingang in die verhandlungstheoretische Diskussion gefunden (Druckman, 1993; Druckman & Mitchell, 1995; Pruitt, 1995; Druckman & Druckman, 1996)[4], jedoch lässt sich unschwer erkennen, dass die spätestens seit Walton und McKersie (1965) präsenten Ideen zum „joint problem-solving" im Rahmen des „integrative bargaining" eine große konzeptuelle Nähe zu dieser Aktivitätsdimension aufweisen.

Auftraggeberebene: Die intensive Beschäftigung mit dem Thema „Verhandlungen durch Repräsentanten" steht bereits am Anfang der verhaltensorientierten Verhandlungsforschung (Walton & McKersie, 1965). Auch in jüngerer Zeit ist diese Facette virulent geblieben: So vergleichen etwa Rubin und Sander (1993) direkte Verhandlungen mit solchen über Repräsentanten, Pruitt und Carnevale (1993, p. 157 ff.) skizzieren eine „Netzwerktheorie der Verhandlung", die die „constituent-negotiator relations" subsumiert, Mnookin und Susskind (1999) legen ein Sammelwerk zum „Verhandeln im Namen Anderer" vor.

Wenn nun das Mastenbroek'sche Modell als Basis[5] für eine differenzialpsychologische Analyse des Verhandlungsverhaltens geeignet ist, so sei nochmals betont, dass aus Sicht des Verfassers ausschließlich das Kernmodell Mastenbroeks hierfür herangezogen werden sollte, und auch dieses lediglich als deskriptives Konstrukt (d. h. der bei Mastenbroek ebenfalls zu findende normative Aspekt sollte außen vor bleiben). Die letztgenannte Beschränkung hat – neben der generellen Zurückhaltung der Differenziellen Psychologie in normativen Fragen des menschlichen Verhaltens - zwei sehr konkrete Gründe, nämlich die oben bereits

---

[4] Zu betonen ist hierbei, dass sich keiner der genannten Autoren auf Mastenbroek beruft.

[5] Der Begriff Basis beinhaltet bereits, dass das Modell weiterentwickelt werden kann; vgl. hierzu die Dissertation des Verfasser „Dimensionen des Verhandlungsstils" (in press).

angesprochene Angreifbarkeit von Mastenbroeks normativen Aussagen sowie die forschungsstrategische Logik, welche gebietet, zunächst eine gut untermauerte deskriptive Theorie vorzulegen, bevor man sich – eventuell – auf das Feld der wertenden Aussagen oder Empfehlungen begibt.

Literatur

Allred, K. G., Mallozzi, J. S., Matsui, F. & Raia, C. P. (1997). The influence of anger and compassion on negotiation performance. *Organizational Behavior and Human Decision Processes, 70*(3), 175-187.

Barry, B. & Oliver, R. L. (1996). Affect in dyadic negotiation: A model and propositions. *Organizational Behavior and Human Decision Processes, 67*(2), 127-143.

Bartos, O. J. (1995). Modeling distributive and integrative negotiations. *Annals of the American Academy of Political and Social Sciences, 542,* Nov, 48-60.

Charles, M. (1995). Organisational power in business negotiations. In K. Ehlich & J. Wagner (Eds.), *The discourse of business negotiation* (pp. 151-174). Berlin: Mouton de Gruyter.

Crott, H., Kutschker, M. & Lamm, H. (1977). *Verhandlungen. Bd. 1: Individuen und Gruppen als Konfliktparteien. Ergebnisse aus sozialpsychologischer Verhandlungsforschung.* Stuttgart: Kohlhammer.

Daly, J. P. (1993). The effects of anger on negotiations over mergers and acquisitions. In R. J. Lewicki et al. (Eds.), *Negotiation: Readings, exercises, and cases.* (2nd ed., pp. 280-288). Burr Ridge: Irwin.

de Dreu, C. K. W. (1995). Coercive power and concession making in bilateral negotiation. *Journal of Conflict Resolution, 39*(4), 646-670.

Drosdowski, G., Köster, R. & Scholze-Stubenrecht, W. (Hrsg.). (1982). *Duden* (Bd. 5 Fremdwörterbuch, 4., neu bearbeitete und erweiterte Aufl.). Mannheim: Bibliographisches Institut.

Druckman, D. (1993). The situational levers of negotiating flexibility. *Journal of Conflict Resolution, 37*(2), 236-276.

Druckman, D. (1994). Determinants of compromising behavior in negotiation: A meta-analysis. *Journal of Conflict Resolution, 38*(3), 507-556.

Druckman, D. & Druckman, J. N. (1996). Visibility and negotiating flexibility. *Journal of Social Psychology, 136*(1), 117-120.

Druckman, D. & Mitchell, C. (1995). Flexibility in negotiation and mediation. *Annals of the American Academy of Political and Social Sciences, 542,* Nov, 10-23.

Fisher, R., Ury, W. & Patton, B. (1993a). *Das Harvard-Konzept. Sachgerecht verhandeln – erfolgreich verhandeln* (W. Raith & W. Hof, Übers.). (12. Aufl.). Frankfurt/M.: Campus. (Original erschienen 1981: Getting to yes)

Fisher, R., Ury, W. & Patton, B. (1993b). Negotiation power: Ingredients in an ability to influence the other side. In L. Hall (Ed.), *Negotiation: Strategies for mutual gain. The basic seminar of the Harvard Program on Negotiation* (pp. 3-13). Newbury Park: Sage.

Forgas, J. P. (1998). On feeling good and getting your way: Mood effects on negotiator cognition and bargaining strategies. *Journal of Personality and Social Psychology, 74*(3), 565-577.

Greenhalgh, L. & Chapman, D. I. (1995). Joint decision making: The inseparability of relationships and negotiation. In: R. M. Kramer & D. M. Messick (Eds.), *Negotiation as a social process. New trends in theory and research* (pp. 166-185). Thousand Oaks: Sage.

Greenhalgh, L. & Gilkey, R. W. (1993). The effect of relationship orientation on negotiators' cognitions and tactics. *Group Decision and Negotiation, 2*(2), 167-183.

Kelly, J. & Müller, G. F. (1989). Verhandlung. In S. Greif, H. Holling & N. Nicholson (Hrsg.), *Arbeits- und Organisationspsychologie.*

Internationales Handbuch in Schlüsselbegriffen (S. 459-463). München: Psychologie Verlags Union

Kromka, F. (1984). *Sozialwissenschaftliche Methodologie. Eine kritisch-rationale Einführung*. Paderborn: Schöningh.

Kumar, R. (1997). The role of affect in negotiations: An integrative overview. *Journal of Applied Behavioral Science, 33*(1), 84-100.

Lax, D. A. & Sebenius, J. K. (1993). Interests: The measure of negotiation. In R. J. Lewicki et al. (Eds.), *Negotiation: Readings, exercises, and cases* (2nd ed., pp. 130-150). Burr Ridge: Irwin.

Lewicki, R. J., Litterer, J. A., Saunders, D. M. & Minton, J. W. (Eds.). (1993). *Negotiation: Readings, exercises, and cases*. (2nd ed.). Burr Ridge: Irwin.

Mannix, E. A. & Neale, M. A. (1993). Power imbalance and the pattern of exchange in dyadic negotiation. *Group Decision and Negotiation, 2*(2), 119-133.

Mastenbroek, W. F. G. (1980). Negotiation: A conceptual model. *Group & Organization Studies, 5*(3), 324-339.

Mastenbroek, W. F. G. (1981). Organisationsentwicklung und Umgang mit Konflikten. *Gruppendynamik, 12*(4), 323-336.

Mastenbroek, W. F. G. (1983). A Model for Negotiation. *Training and Development Journal,* October, 76-79.

Mastenbroek, W. F. G. (1991). Development of negotiating skills. In V. A. Kremenyuk (Ed.), *International negotiation. Analysis, approaches, issues* (pp. 379-399). San Francisco: Jossey-Bass Publishers.

Mastenbroek, W. F. G. (1992). *Verhandeln: Strategie, Taktik, Technik* (I. Hyland, Übers. [aus dem Englischen]). Frankfurt/M.: FAZ-Verlag; Wiesbaden: Gabler. (Original erschienen 1984 / 1989: *Onderhandelen / Negotiate)*

Mastenbroek, W. F. G. (1993). *Conflict management and organization development.* (An expanded edition). Chichester: John Wiley & Sons.

Mastenbroek, W. F. G. (2000). Negotiating as a civilizing process. In A. Treibel, H. Kuzmics & R. Blomert (Hrsg.), *Zivilisationstheorie in der Bilanz. Beiträge zum 100. Geburtstag von Norbert Elias* (S. 165-183). Opladen: Leske und Budrich.

Mnookin, R. H. & Susskind, L. E. (Eds.). (1999). *Negotiating on Behalf of Others: Advice to Lawyers, Business Executives, Sports Agents, Diplomats, Politicians, and Everybody Else.* Thousand Oaks: Sage.

Northcraft, G. B. & Neale, M. A. (1991). Dyadic negotiation. Research on Negotiation in Organizations. *Handbook of Negotiation Research*, 3, 203-229.

O'Connor, K. M. (1997). Motives and cognitions in negotiation: A theoretical integration and an empirical test. *International Journal of Conflict Management, 8*(2), 114-131.

Polzer, J. T. & Neale, M. A. (1995). Constraints or catalysts? Reexamining goal setting with the context of negotiation. *Human Performance, 8*(1), 3-26.

Pruitt, D. G. (1981). *Negotiation Behavior.* New York: Academic Press.

Pruitt, D. G. (1995). Flexibility in conflict episodes. *Annals of the American Academy of Political and Social Sciences, 542*, Nov, 100-115.

Pruitt, D. G. & Carnevale, P. J. (1993). *Negotiation in Social Conflict.* Buckingham: Open University Press.

Raiffa, H. (1982). *The art and science of negotiation.* Cambridge/Massachusetts: Harvard University Press.

Rojot, J. (1991). *Negotiation: From theory to practice.* Houndmills: Macmillan.

Ross, W. & LaCroix, J. (1996). Multiple meanings of trust in negotiation theory and research: A literature review and integrative model. *International Journal of Conflict Management, 7*(4), 314-360.

Rubin, J. Z. & Sander, F. E. A. (1993). When should we use agents? Direct versus representative negotiation. In R. J. Lewicki et al. (Eds.), *Negotiation: Readings, exercises, and cases* (2nd. ed., pp. 300-307). Burr Ridge: Irwin.

Rubin, J. Z. & Zartman, I. W. (1995). Asymmetrical negotiations: Some survey results that may surprise. *Negotiation journal, 11*(4), 349-364.

Savage, G. T., Blair, J. D. & Sorenson, R. L. (1993). Consider both relationships and substance when negotiating strategically. In R. J. Lewicki et al. (Eds*.), Negotiation: Readings, exercises, and cases* (2nd. ed., pp. 53-70). Burr Ridge: Irwin.

Schwinger, T. & Kayser, E. (1987). Verhandlungsverhalten. In D. Frey & S. Greif (Hrsg.), *Sozialpsychologie. Ein Handbuch in Schlüsselbegriffen* (2., erw. Aufl., S. 361-364). München/Weinheim: Psychologie-Verlags-Union.

Shapiro, D. L. & Bies, R. J. (1994). Threats, bluffs, and disclaimers in negotiations. *Organizational Behavior and Human Decision Processes, 60*(1), 14-35.

Thompson, L. (1995). The impact of minimum goals and aspirations on judgements of success in negotiations. *Group Decision and Negotiation, 4*(6), 513-524.

Vorauer, J. D. & Claude, S. D. (1998). Perceived versus actual transparency of goals in negotiation. *Personality and Social Psychology Bulletin, 24*(4), 371-385.

Walton, R. E. & McKersie, R. B. (1965). *A Behavioral Theory of Labor Negotiations*. New York: McGraw-Hill.

Zartman, I. W. (1997). The structuralist dilemma in negotiation. *Research on Negotiation in Organizations,* 6, 227-245.

PSYCHODIAGNOSTIK IN FREMDEN KULTUREN

Hannes Stubbe

Unter Psychodiagnostik wird die Gesamtheit psychologischer Verfahren zur Erfassung der Persönlichkeit/Gruppen und ihrer (Fehl-) Entwicklung verstanden. Ihre vorherrschenden Methoden sind die (Fremd- und Selbst-) Beobachtung, das Gespräch (Interview, Exploration, Anamnese) und die Testverfahren (Intelligenz- und Leistungstests, projektive Verfahren, Fragebogeninventare, apparative Tests etc.). „Die Psychodiagnostik stellt Wissen und Methoden der Psychologie bereit, die darauf abzielen, praktische Probleme menschlichen Verhaltens zu erkennen, zu beschreiben und zu lösen. Daraus folgt: Diagnostik läßt sich von zwei Ansatzpunkten aus umschreiben, von den Methoden und von den Problemen." (FISSENI, 2000, S. 19) Eben in diesem Sinne soll auch die zentrale Frage dieses Beitrages, ob „westliche" psychodiagnostische Methoden überhaupt in fremden Kulturen durchgeführt werden können und welche besonderen Probleme sich dabei ergeben, von verschiedenen Zugängen her (historisch, methodisch, problemorientiert) behandelt werden.

Historisches:

Schon im 19.Jh. wurden quantitative Verfahren z.B. das 1796 von *Régnier* erfundene Dynamometer in fremden Kulturen eingesetzt. So führte der französische Arzt *François Péron* (1775-1810), ein Schüler von *Georges Cuvier* (1769-1832), während einer Weltreise mit dem Dynamometer Messungen bei Menschen aus verschiedenen Kulturen durch, und kam zu dem für ihn selbst unerwarteten Ergebnis, daß eine klare positive Korrelation zwischen dem „Grad der Zivilisation" und der Muskelkraft bestehe (vgl. JAHODA, 1992, S. 57ff). Auch der romantische Arzt und Psychologe *Carl Gustav Carus* (1789-1869) hat in einer frühen deutschen rassenpsychologischen Schrift „Denkschrift zum hundertjährigen Geburtsfeste Goethe's. Ueber ungleiche Befähigung der verschiedenen Menschheitsstämme für höhere geistige Entwickelung" (1849) bereits auf vergleichende Dynamometeruntersuchungen hingewiesen und eine hierarchische Rangreihe der geistigen Befähigung (heute würden wir von „Intelligenz" sprechen!) unter den vier verschiedenen Menschheitsstämmen (=Rassen) aufgestellt (vgl. STUBBE, 1989). Mit der Entwicklung der Testpsychologie um die Jahrhundertwende zum 20.Jh. kamen auch psychologische Testverfahren während Feldforschungen in fremden Kulturen zum Einsatz. So entwickelte z.B. *Stanley David Porteus* (1883-1972), ein australischer Psychologe (später Hawaii), den Porteus-Maze Test (1913), einen Labyrinth- bzw. Papier-Bleistift-Test, um geistige Retardierung zu untersuchen. 1929 führte er seinen Test bei den Aborigines in Nordwest-Australien durch und schrieb 1931 "The Psychology of a primitive people". 1934 besuchte er Afrika in einer ähnlichen Mission und schrieb: "Primitive Intelligence and environment" (1937) (vgl. ZUSNE, 1984, S. 345f). Aufgrund seiner Intelligenzuntersuchungen fühlte sich *Porteus* in der Lage die Frage zu beantworten: Sind die Aborigines Australiens intelligent genug, um sich an die vordringende europäische Kultur anzupassen? und sie zu verneinen, wobei er im Hinblick auf das Gedächtnis der Aborigines „Schwachsinnigkeit" diagnostizierte. Bekanntlich haben aber die Aborigines Heiratsordnungen, Totemklans und soziale (Verwandtschafts-) Systeme und Institutionen kompliziertester Art entwickelt, also nicht nur eine hervorragende „soziale Intelligenz", sondern auch eine beträchtliche Gedächtnisleistung unter Beweis gestellt. *Elkin* hat schon damals *Porteus* entgegengehalten, er hätte, statt sporadisch Tests durchzuführen, eine australische Ethnie herausgreifen, ihre Sprache, ihr kulturelles und soziales Leben studieren und dann schließlich für diese Ethnie einen (emischen) Intelligenztest entwickeln sollen, der dann für diese Ethnie dasselbe wäre, wie die üblichen Tests für uns. Während der Testuntersuchungen von *Porteus* war bereits aufgefallen, daß manche Aborigines die Test-

106

instruktion nicht ganz verstanden, Schwierigkeiten im Umgang mit Papier und Bleistift hatten und mit Arbeiten unter Zeitdruck nicht zurechtkamen. Die Zusammenhänge zwischen dem Denken, Sprechen und der Umwelt im weitesten Sinne waren bei diesen Intelligenz-Studien nicht berücksichtigt worden. Außerdem gewann man kein Bild über die Einstellung der Aborigines zu diesen Testverfahren, die in ihrer Kultur etwas völlig Fremdes sind. Einem us-amerikanischen oder europäischen Professor der Psychologie könnte es vielleicht passieren, daß er in der australischen Savanne neben einem Wasserbaum (Eukalyptus) verdurstete, während sich der Aborigine mit seinem angeblichen „Schwachsinn" mit Hilfe des Baumes das Leben retten würde. Über die Intelligenz der Aborigenes konnte man übrigens bereits in einer Fußnote in *Friedrich Albert Lange's* (1828-1875) „Geschichte des Materialismus..." (1875) folgendes lesen: „Das außerordentlich günstige Klima Australiens erspart dem vielleicht glücklichsten aller wilden Menschenstämme die Sorge für die Errichtung von bergenden und schützenden festen Wohnungen; und die geographischen Gestaltungen und die große Mannigfaltigkeit und der Wechsel der ländlichen Szenerien gestatten ihm nicht, sich feste Wohnplätze anzulegen; die Natur des Landes zwingt ihn zu einem festen Wanderleben. Überall ist er zu Hause und überall findet er seinen Tisch gedeckt, den er sich aber mit anstrengendster Mühe unter Anwendung der höchsten Schlauheit füllen muß. Er kennt aufs genaueste, wann diese und jene Beere, Frucht oder Wurzel in dieser Gegend gereift, wann die Ente oder Schildkröte dort legt, wann dieser oder jener Wandervogel hier oder da sich einstellt; wann und wo diese oder jene Larve, Puppe etc. zum leckern Genuß ladet, wann und wo das Opossum am fettesten, wann dieser oder jener Fisch da oder dort streicht, wo die Trinkquellen der Kängeruh und Emu sind usw. Und gerade dieses ihm aufgedrängte Leben wird ihm lieb und zur zweiten Natur und macht ihn in einem gewissen Sinne intelligenter als irgendein anderes wildes Volk. Die Kinder dieser Wilden in Schulen bei gutem Unterricht stehen den europäischen Kindern kaum nach, ja überflügeln sie in einzelnen Fächern. Es ist durchaus unrichtig, sich die australischen Schwarzen als auf der tiefsten Rassenstufe stehend zu denken. In gewissem Sinne gibt es kein schlaueres Volk als sie." (zit. nach LANGE, II, 1974, S. 876f). Später hat *Porteus* im Rahmen von vergleichenden Studien einen „Index der sozialen Tauglichkeit" bei verschiedenen ethnischen Gruppen auf Hawaii ausgearbeitet (in absteigender Reihenfolge: Japaner, Chinesen, Portugiesen, Hawaianer, Filipinos, Puertorikaner). Unter „sozialer Tauglichkeit" verstand er die us-amerikanischen Eigenschaften der weißen Mittelschicht, mit denen man in Hawaii gesellschaftlich aufsteigen und den besten ökonomischen Erfolg erzielen kann.

Margaret Mead (1901-1978), eine Schülerin von *Franz Boas* (1858-1942), die ihren Magister auch in Psychologie gemacht hatte, führte 1925 während ihrer Feldforschungen auf Samoa (Insel Tau) verschiedene psychologische Tests durch: Farbenbenennen, Auswendiglernen von Zahlenreihen, Zahlen-Symbol-Test, Gegensätze, Bildinterpretation, Kugel-Feld-Test. Die Testinstruktion wurde in allen Fällen in samoanischer Sprache gegeben. Außerdem entwickelte *Mead* einen Fragebogen die Fähigkeiten und Interessen der Mädchen betreffend. Zu den Ergebnissen der Intelligenztests schreibt sie selbstkritisch: „Es war nicht möglich, die Intelligenztests zu standardisieren; meine Ergebnisse sind daher quantitativ wertlos. Da ich aber einige Erfahrung in der diagnostischen Verwendung von Tests hatte, schienen sie mir doch für die vorläufigen Beurteilungen der Intelligenz bei den Mädchen brauchbar zu sein. Die Eingeborenen sind auch seit langem an Prüfungen gewöhnt, die Missionare alljährlich durchführen; wenn sie wissen, daß eine solche in Gang ist, lassen sie den Examinator und die Prüflinge ungestört." (MEAD, 1970, S. 225) Zu welchem Zweck die Missionare überhaupt Tests durchführten wird nicht deutlich.

Der holländische Arzt *A.W.Nieuwenhuis* (1913/23), der ca. 5 Jahre bei den Dajaks auf Borneo gelebt hat, legte in den Jahren 1913 bis 1923 verschiedene wertvolle ethnopsychologische Untersuchungen über die Veranlagung (Vorstellungsvermögen, Erinnerungsvermögen, logisches Denken) der „malaiischen

Völker des ostindischen Archipels" (= Dajaks und Toradscha) vor, in denen er die materiellen völkerkundlichen Dokumente als „Leistungen" interpretierte. Die Kulturleistungen an denen *Nieuwenhuis* die geistige Veranlagung dieser malaiischen Ethnien ablas, waren das Kunsthandwerk, die Technik und der Geisterglaube. Der Forscher kommt zu dem Ergebnis, daß der Malaie tatsächlich „kulturfähig" sei, zwar nicht seinem tatsächlichen Entwicklungsniveau entsprechend, sondern nach den Entwicklungsmöglichkeiten und daß „die Verstandesanlage der Malaien in den Eigenschaften, die bis jetzt untersucht wurden, denen der weißen Rasse nicht nachsteht."

Insbesondere *Richard Thurnwald* (1869-1954), der als Begründer der deutschen Ethnosoziologie und des ethnologischen Funktionalismus gilt, hat schon früh ethnopsychologische Fragestellungen während seiner langjährigen Feldforschungen in der Südsee (1906-1909 und 1913-1915) berücksichtigt und verschiedene Abhandlungen zur "Psychologie der Primitiven" verfaßt. Er erhält 1919 nach seiner Habilitation die venia legendi für Ethnologie und Völkerpsychologie an der Universität Halle und lehrte ab 1923 in Berlin. *Thurnwald* teilte die von *A. C. Haddon* in seinem Vorwort zu den 1898 durchgeführten experimentalpsychologischen Arbeiten des englischen Psychologen und Anthropologen *William Halse R. Rivers* (1864-1922) in den "Reports of the Cambridge Anthropological Expedition to Torres Straits" (vol. II, 1901:V) geäußerte Meinung: "I had long realised that no investigation of a people was complete that did not embrace a study of their psychology, and being aware of the paucity of our knowledge of the comparative physiology and psychology of primitives peoples..." und wandte sich an den (Musik-) Psychologen *Carl Stumpf* (1848-1936), um eine erste deutschsprachige Instruktion zur psychologischen Untersuchung 'primitiver Menschen' zu entwickeln, die auf dem II. Kongreß für experimentelle Psychologie in Würzburg (1906) beraten und erst 1912 von *William Stern* (1871-1938) und *Otto Lipmann* unter dem Titel "Vorschläge zur psychologischen Untersuchung primitiver Menschen" publiziert wurde. *Thurnwald* schrieb hierzu die auch heute noch lesenswerte Einleitung: "Probleme der ethno-psychologischen Forschung". "Er ist somit der erste Völkerkundler, der zielgerichtet eine solche psychologische Untersuchung auf der Basis eines interdisziplinär erstellten Fragekomplexes durchführen wird. *Thurnwald* ging über die Wahrnehmung und die physischen Gegebenheiten feststellenden Untersuchungen *Rivers'* und seiner Kollegen hinaus, indem er auch Interpretationen und Suggestivfragen mit einbezog. Zusätzlich informierte er sich bei dem gleichfalls an der Instruktion beteiligten Psychiater *Robert Sommer* in Gießen über psychologische Methodik" (MELK-KOCH, 1989:59; vgl. auch Sommer, 1984). In den "Ethno-psychologischen Studien an Südseevölkern auf dem Bismarck-Archipel und den Salomo-Inseln" (1913) stellt dann *Thurnwald* im einzelnen seine hochinteressanten psychologischen Beobachtungen und Versuche über die Druckfähigkeit der Hände, den Farbensinn, die Farbbezeichnungen, die Aufmerksamkeit und Merkfähigkeit, die Suggestion, das Zählen, die Assoziation (Bilder, Figuren, Worte) und die Fortpflanzung von Berichten ausführlich dar. Außerdem behandelt er den bildhaften Ausdruck (Gebärden, Zeichnen, Plastik, den Eindruck der 'Eingeborenen' von unserem künstlerischen Ausdruck), die Sprache und Geistesverfassung der untersuchten Ethnien. Diese grundlegenden und leider immer noch wenig bekannten ethnopsychologischen Studien, haben in Deutschland nach dem I. WK nicht zu einer sich produktiv entfaltenden empirischen Ethnopsychologie und Transkulturellen Psychologie geführt (vgl. die ausgezeichnete Thurnwald-Biographie von MELK-KOCH; 1989; BEUCHELT, 1974; S. 43-45; JAHODA 1992, S. 123-132).

Zur (Völker- und Rassen-) Psychologie und Psychodiagnostik im „Dritten Reich" liegt bereits eine Fülle von Publikationen vor. Zwar war auch in Deutschland um 1936 bekannt, daß „die Suche nach einer objektiven Vergleichsgrundlage, einem sachlichen Maßstab für eine *quantitativ* vergleichende Einstufung der Rassen und Völker illusorisch ist, weil es einen solchen Maßstab nicht gibt." (MÜHLMANN, 1936:429). Aber etwas später folgt dann das rassistische Credo *W. F. Mühlmann's* gemäß der Rassenideologie des Nationalsozialismus, indem er nämlich schreibt: "Gibt es also keinen objektiven Maßstab der Rassenvergleichung, so gibt es doch einen subjektiven. Von ihm aus urteilen, heißt aber *wertend* urteilen. Und hier möchte ich mit allem Nachdruck betonen, daß wir werten können und dürfen, ja müssen. Wir betätigen damit ein Lebensrecht. Wir dürfen unsere Rasse zu oberst stellen, sollen uns aber dabei bewusst bleiben, daß wir damit die Grenzen der Wissenschaft überschreiten und den Standpunkt des wollenden Menschen vertreten." (MÜHLMANN, 1936, S. 429f) (zu Mühlmann: vgl. MÜHLMANN, 1947; MASSIN, IN: KAUPEN-HAAS & SALLER, 1999:12ff)

Viele der o.g. Forschungen wurden oftmals im Rahmen der Konzepte der Rassenanthropologie und -psychologie durchgeführt und waren im Grunde genommen „angewandte Kolonialpsychologie" d.h. sie dienten der Beherrschung, der Unterwerfung, der Missionierung und der Abschätzung der „Arbeitseinsatzmöglichkeiten" der Kolonialvölker in Asien, Afrika und im Pazifik, aber auch der internen kolonisierten Minderheiten (z.B. Indianer, Afroamerikaner). *Der Einsatz der Psychotechnik z.B. während des portugiesischen Kolonialismus in Afrika* (bis 1974) macht die Ausbeutungsmotive der Kolonialherren mehr als deutlich: Allein für das ehemals portugiesische Moçambique läßt sich z.B. folgendes feststellen: Von 1934 bis 1974 ließen sich aufgrund der Recherchen des Autors in den Bibliotheken Maputos (1996/97) mindestens sieben psychotechnische bzw. angewandt-psychologische Monographien über die Psychodiagnostik der unterworfenen „indígenas" (Eingeborenen) ausfindig machen (vgl. ATHAYDE, 1962; GALLO, 1988; MONDLANE, 1995): Hier wurde Psychodiagnostik im Dienste des Kolonialismus betrieben.

Intelligenztests in fremden (Sub-)Kulturen

Als Psychologen zu Beginn des vorigen Jahrhunderts in Europa begannen, Meßinstrumente für die Intelligenz zu entwickeln, wandten sie diese Instrumente auch in fremden Kulturen und bei anderen "Rassen" an.

MARVIN HARRIS (1989) weist deutlich darauf hin, daß grundsätzlich widerlegt wurde, daß soziokulturelle Unterschiede oder Übereinstimmungen durch genetische Unterschiede erklärt werden können. Dennoch finden sich bis in die Gegenwart immer wieder neue rassendeterministische Anschauungen und vor allem Psychologen waren und sind hierfür scheinbar besonders anfällig (BILLIG, 1981; MECHERIL & TEO, 1997; KAUPEN-HAAS & SALLER, 1999). Bereits FRANZ BOAS (1955:9f,131ff) hat klar herausgearbeitet, daß alle Klassifikationen, die allein von „Rasse", Sprache und Kultur ausgehen, unvereinbar sind. Es ist klar bewiesen, daß in allen menschlichen „Rassen", wie sie die physische Anthropologie herausgearbeitet hat, die verschiedenartigsten Kulturformen und Sprachen vorhanden sind bzw. ausgebildet werden können.

Insbesondere im I.Weltkrieg mußten sich in den USA Tausende zum Kriegsdienst Eingezogene zur Feststellung ihrer militärischen Eignung sog. Alpha- und Beta-Intelligenztests unterziehen. Als die Ergebnisse nach Rassenzugehörigkeit der Testpersonen geordnet wurden (vgl. YERKES, 1921), stellte man den erwarteten Zusammenhang zwischen der „angeborenen Inferiorität" der Afro-US-Amerikaner und den niedrigen Intelligenzwerten fest. "Auf diese Ergebnisse stützte man sich, um die Aufrechterhaltung des niedrigen sozialen Status der Schwarzen innerhalb und außerhalb der Armee zu rechtfertigen." (HARRIS, 1989, S. 447) (vgl. auch ausführlich hierzu GOULD, 1999) In der weiteren kritischen Aufarbeitung der Testergebnisse und systematischer vergleichender Forschungen an Migranten und in den Nord- und Südstaaten wurde jedoch später offenbar, daß neben den genetischen Erbfaktoren auch kulturelle und andere z.B. in der Testsituation, dem Testleiter, der Testsprache etc. liegende Faktoren die Intelligenztestleistungen beeinflussen können. Bis heute ist jedoch die Dis-

112

kussion über die genetische Bedingtheit der Intelligenz bzw. ihre rassische Determiniertheit nicht abgebrochen und die Phalanx der rassischen Deterministen ist unter Psychologen und Genetikern immer noch stark.(vgl. HARRIS, 1989, S. 446ff; BILLIG, 1981; JAHODA, 1992, S. 85ff; GOULD, 1999, S. 157ff) Wir haben es hier mit einem typischen Beispiel dafür zu tun, wie bestimmte gesellschaftliche Verhältnisse - hier Rassendiskriminierung und -trennung - "wissenschaftlich" legitimiert werden sollen. Im Dritten Reich hatte man bekanntlich im Hinblick auf die „Juden", "Zigeuner", "Russen", "psychisch Kranken" ganz ähnlich, nämlich im Sinne einer vererbten "biologischen Minderwertigkeit" argumentiert (vgl. MÜLLER-HILL, 1985; WEINGART ET AL., 1988). Wer die Geschichte der Afroamerikaner und insbesondere die Jahrhunderte während Sklaverei und Rassentrennung in Amerika nur ein wenig kritisch reflektiert hat, und auch bedenkt, daß die Psychologie in den USA bis auf den heutigen Tag fast ausschließlich von Weißen entwickelt und betrieben wird (vgl. QUEKELBERGHE, 1991:35f) und wer konstatiert, daß Afroamerikaner immer noch in der us-amerikanischen Psychologie wenig präsent und wenig erforscht werden (vgl. GRAHAM, 1992; JONES, 1994, S. 17ff) muß zu dem Schluß kommen, daß der Rassendeterminismus auf äußerst fragwürdigen und unwissenschaftlichen Grundlagen steht, aber leider immer noch in vielen Köpfen wirksam ist. Z.B. ist es sehr bedenklich, wenn in der 12. Aufl. des „Psychologischen Wörterbuches" von DORSCH (1994:639) immer noch unkritisch auf die rassenpsychologischen Arbeiten von L.F.Clauss Bezug genommen wird oder B. STRECK in seinem „Wörterbuch der Ethnologie" (1987) unter dem Stichwort Rasse (ohne Anführungsstriche!) rassenpsychologische Arbeiten der Gegenwart unkritisch referiert. (zur älteren Rassenpsychologie vgl. GARTH, 1931; MÜHLMANN, 1936; BEUCHELT, 1974; GEUTER, 1990, S. 882ff). Psychologische Tests und die Testsituation sind also in höchstem Maße kulturgebunden. BOHANNAN (1973, S. 115, zit. nach HARRIS, 1989, S. 451) drückt dies klar aus, wenn er schreibt: " 'Intelligenz'-Tests können gar nicht frei von kulturellen Vorurteilen sein. Der Inhalt eines Intelligenztests hat zwangsläufig etwas mit den Vorstellungen, der Konstitution oder den gewohnten Wahrnehmungsformen und Verhaltensweisen der Menschen zu tun, die den Test anwenden. Denn all diese Dinge sind bei Menschen kulturell vermittelt und beeinflußt...Das ist kein Diktum, auch keine Definition- sondern die Anerkennung der Art und Weise, in der kulturelle Erfahrung alles, was Menschen wahrnehmen und tun, durchdringt."

Zum Einsatz der projektiven Verfahren in fremden Kulturen

Projektive Tests (K. L. FRANK, 1939) nennt man mehrdeutige, offene Testaufgaben, die zu Deutungen auffordern, durch die der Proband Emotionen, Phantasien, Antriebe offenbart, sein eigenes Erleben gleichsam in das Testmaterial hineinprojiziert. Beispiele sind: der Rorschachtest (1921) (RORSCHACH), der Thematische Apperzeptionstest (1935) (TAT, MORGAN & MURRAY), Sceno-Test (1938) (von STAABS), Szondi-Test (1944) (SZONDI), Myokinetischer Test (MIRA Y LOPEZ), Farbpyramiden Test (1951) (HEISS), (Kinder)Zeichnungen (GOODENOUGH, ZILER, MACHOVER), Familie in Tieren (BREM-GRÄSER), Satzergänzungstests, Assoziationstest (JUNG), etc.. Genutzt wird der „Aufforderungscharakter" von Texten, Bildern, Farben, Figuren, Gestaltungsmaterial. Sie bieten gleichsam die Reizsituation, in der sich die Persönlichkeit entfalten kann (vgl. SEHRINGER, 1983).

Der von dem Schweizer Psychiater *Hermann Rorschach* (1884-1922) entwickelte „Rorschachtest" wurde häufig in kulturvergleichenden Forschungen, insbes. von der „Kultur und Persönlichkeits-Schule" (vgl. z.B. C. DUBOIS, 1944; KARDINER, 1974; LINTON, 1974; LE VINE, 1982), eingesetzt. Eine vergleichende Untersuchung des Psychiaters MANFRED BLEULER (1935) zeigte z.B., daß nomadische Wüstenbewohner Marokkos in einem viel höheren Maß als Europäer auf winzige Details („d" □) der Klecksbilder achten. COOK (1942) stellte demgegenüber fest, daß die Samoaner dazu neigen, relativ wenig auf kleine Einzelheiten einzugehen und deren Antworten sich statt dessen häufig auf das Ge-

samtbild („G" □) beziehen. Diese Unterschiede in den Wahrnehmungstenden-
zen, die auch aus zahlreichen anderen Studien gut belegt sind, verdeutlichen die
Wirkungsweise kultureller Faktoren auf ganz unmittelbare Weise. Auch *Thurnwald's* Schüler *Herbert Baldus* (1899-1970), der seit 1939 bis 1960 an der "Es-
cola Livre de Sociologia e Política de São Paulo" lehrte, hat eine Vielzahl von
ethnopsychologischen Arbeiten über die brasilianischen Indianer vorgelegt und
die tragische Biographie des Indianers Tiago Marques Aipobureu (Baldus, 1937)
analysiert. Seine dreibändige "Bibliografia crítica da etnologia brasi-
leira"(1954ff) bietet eine Fülle noch unbearbeiteten Materials über dieses gesamte Gebiet. *Baldus* schrieb 1953 auch eine "Psicologia étnica" (vgl. STUBBE,
1987:144). Er führte auch mit mehr oder minder großem Erfolg Rorschach-
testungen an brasilianischen Tupí-Indianern durch. Es zeigte sich hierbei, daß
die Probanden z.B. einfach nur alle ihnen bekannten Tiere (Vögel) des Urwaldes
aufzählten (Baldus, 1953). Der Rorschach-Test wird in Brasilien bereits seit den
frühen 30er Jahren des vorigen Jahrhunderts durchgeführt (LEÃO BRUNO, 1944;
SOUSA, 1953; STUBBE, 1997). Der Ethnopsychiater GEORGES DEVEREUX (1985)
applizierte in den 50er Jahren während der hochinteressanten Psychotherapie
eines Prärieindianers verschiedene projektive Tests (z.B. Rorschach, Szondi,
Sentence Completion-Test etc.), diskutiert jedoch nicht kritisch das Problem des
interkulturellen Testens. Die Sozialpsychologin MONIQUE AUGRAS (1979, 1980)
analysierte verschiedene Göttermythen des afrobrasilianischen Candomblé und
verglich sie mit den Ergebnissen einer Rorschachdiagnostik von 15 (auf einen
bestimmten orixá) initiierten Mitgliedern eines „terreiros" in Rio de Janeiro.
Zwischen den Persönlichkeitsmerkmalen der „filhas de santo" und ihren orixá
konnte sie auf diese Weise viele Übereinstimmungen finden. In den psychologischen Charakterisierungen der orixá entdeckte sie eine „intuitive Persönlich-
keitspsychologie".(vgl. STUBBE, 1987:78ff) LÉOPOLD SZONDI (1976, S. 415-417)
führte seine „Triebdiagnostik" in den 50er Jahren in Afrika (Lambarene) durch
und verglich die Ergebnisse mit seinen europäischen Erfahrungen. Die in diesem

Test abgebildeten Menschen mit sog. Trieberkrankungen sind aber bekanntlich keine Afrikaner! Was dies aber methodisch bedeutet wird von Szondi nicht diskutiert, ganz davon abgesehen, ob „europäische Trieberkrankungen" überhaupt in Afrika vorkommen und falls dies der Fall ist, in welcher Gestalt.

Da es sich bei den zehn Rorschachtafeln um nonverbale Reize handelt, ist die anhaltende Beliebtheit dieses projektiven Tests in der transkulturellen wie auch ethnopsychologischen und -psychoanalytischen Forschung (vgl. z.B. PARIN ET AL., 1963) verständlich. Der Einsatz der Rorschachtests in der Ethnologie, Ethnopsychologie und Transkulturellen Psychologie wurde jedoch bisher kontrovers diskutiert, auch bezüglich der Testkriterien (Objektivität, Validität, Reliabilität) (vgl. ADLER, 1993: 58f). PHILIP G. ZIMBARDO (1999:585) gibt sicher ein ausgewogenes Urteil, wenn er schreibt: „Die Interpretation dieser Informationen des Rorschachtests in Richtung auf ein zusammenhängendes Porträt der Persönlichkeitsdynamik eines Individuums ist ein komplexer und höchst subjektiver Prozeß, der auf klinischer Erfahrung und geschulter Intuition aufbaut. Idealerweise verwendet ein Diagnostiker diese Daten als Quellen für Hypothesen über eine Person, die dann mit anderen Messverfahren überprüft werden."

Bekanntlich gibt es keine „kulturfreien" Tests, „westliches" Testmaterial z.B. der TAT, Rosenzweig etc. enthalten viele kulturelle Eigentümlichkeiten (vgl. z.B. Kleidung, Frisur und Hautfarbe der abgebildeten Personen im TAT!) und der Akt des Testens und die Testsituation als solche sind ebenfalls kulturell determiniert (s. unten). Eine umfassende Persönlichkeitsdiagnose läßt sich mit dem Rorschachtest und anderen projektiven Tests allein jedenfalls nicht leisten. Die Persönlichkeitsbeurteilung ist ein umfassendes Verfahren, bei dem verschiedene Messinstrumente eingesetzt werden und das Verhalten in unterschiedlichsten Situationen beobachtet wird. „Dennoch ...wird die Verwendung projektiver Tests in der psychologischen Anthropologie nicht zum kompletten Scheitern verurteilt, aber doch von beträchtlicher Frustration begleitet sein." (SPAIN, 1972:299)

Methodische Aspekte psychologischer Testungen in fremden Kulturen in der Gegenwart:

Zum Einsatz sog. westlicher psychodiagnostischer Verfahren, d.h. in Europa und den USA entwickelter Verfahren, in fremden Kulturen müssen einige methodische Vorbemerkungen gemacht werden.

Zunächst sind auch Tests und psychodiagnostische Verfahren in ihrer Allgemeinheit (diagnostisches Gespräch, Verhaltensbeobachtung, Tests etc.) Produkte einer Kultur und die diagnostische Situation selbst enthält eine Vielzahl kulturspezifischer Determinanten, wie Sprache des Tests und der Testsituation (-instruktion), Ethnizität des Probanden und Diagnostikers, Zeiterleben, Bildung, kulturgebundenes geschlechtspezifisches Verhalten etc.

DIAMOND (1985) hat mit Recht festgestellt, daß die Tests im allgemeinen westlichen Ursprungs sind und demzufolge Werte, Inhalte und Erfahrungen der westlichen Kultur widerspiegeln. In diesem Sinne gibt es auch keine *"kulturfreien Tests"*. Auch die bisherigen Anstrengungen sog. *culture fair tests* zu entwickeln d.h. Tests, die allen Menschen gleichermaßen fremd oder bekannt wären, haben sich als nicht besonders erfolgreich erwiesen.

Allgemein lassen sich folgende methodische Probleme beim Einsatz der in Europa und den USA entwickelten psychodiagnostischen Verfahren in fremden Kulturen hervorheben:

- Probleme der Äquivalenzbildung ergeben sich vor allem in der mangelnden dimensionalen Identität und fehlenden Skalenidentität (vgl. POORTINGA, 1980) Hinsichtlich der Vergleichbarkeit bedeutet dies, daß die gemessenen Phänomene nicht die gleichen sind und daß ein Meßinstrument quantitativ nicht die gleiche Skala für die einzelnen Gruppen abgibt.

- Wenn ähnliche Aktivitäten verschiedene Funktionen in unterschiedlichen Gesellschaften haben, dann können sie nicht ohne weiteres miteinander verglichen werden z.B. nehmen Lehrer unterschiedliche soziale Positionen und Funktionen in verschiedenen Kulturen ein

- Fragen der konzeptuellen Äquivalenz werden sofort offenkundig, wenn nach einer universell gültigen Operationalisierung bestimmter Persönlichkeits- oder Verhaltenskonstrukte wie z.B. Aggression, Extraversion, Intelligenz, Neurotizismus etc. gesucht wird.

- Andere Äquivalenzaspekte betreffen das verbale Material, die Instruktionen und die Aufgaben. Eine wortwörtliche Übersetzung- dies konnte die transkulturelle Forschung zeigen- reicht nicht aus, um die semantische Äquivalenz abzusichern. Aus diesem Grund müssen bei der Übernahme von diagnostischen Verfahren in fremden Kulturen Übersetzungsmethoden wie "backtranslation", "bilingual technique" und "committee approach" zum Einsatz kommen. In manchen Sprachen fehlen z.B. bestimmte Grundkategorien wie „Mann", „Leute", „Menschen", „Depression" etc. Andere Sprachen wiederum verfügen für manche Phänomenbereiche über eine breite Vielfalt von Wörtern z.B. hinsichtlich des emotionalen Bereichs oder der Bezeichnungen der Beziehungen unterschiedlicher sozialer Statushierarchien. Im Japanischen hängt z.B. die Verwendung von "ich" von dem jeweiligen sozialen Kontext ab.

- Hinsichtlich der Test- und Untersuchungssituation sind die Erwartungen des Diagnostikers und des Probanden bezüglich ihres gegenseitigen Verhaltens bedeutsam. Welche Erfahrungen mit Tests liegen in der Kultur vor? Richtet sich die Motivation bei einem Selektionsverfahren vor allem darauf, ein optimales Leistungsergebnis zu erzielen oder seine Persönlichkeit möglichst vorteilhaft darzustellen? In vielen Fällen muß eine persönliche Beziehung zwischen Diagnostiker und Probanden erst aufgebaut werden, um eine Kooperation zu sichern. Auch kann in vielen (z.B. islamischen) Kulturen eine direkte Befragung oder Untersuchung eines Familienangehörigen nicht ohne die Anwesenheit des Familienvorstandes bzw. anderer Angehöriger stattfinden. JONES (1963) hat auf die Bedeutung von "courtesy bias" bzw. "hospitality bias" hingewiesen, bei denen der Proband bemüht ist, weniger seine eigene Meinung oder Position kundzutun, sondern sich entsprechend der vermuteten Meinung des Diagnostikers verhält (vgl. das Problem der "soziokulturellen Erwünschtheit"). Aus Traditionsgründen ist es oftmals verpönt, Kritik an Lehrern, Eltern usw. auf direkte Art und Weise zu üben. Bestimmte kulturspezifische "Höflichkeitsrituale" sind auch für die Untersuchungssituation zu beachten.

Durch das Trainieren bzw. den Einsatz indigener Diagnostiker können diese vielfältigen Kommunikationsprobleme bis zu einem gewissen Grad vermieden werden.

- Generell werfen Aufgaben, die unter Zeitdruck zu lösen sind (vgl. speed tests) Probleme in Kulturen auf, in denen Menschen fast nie unter Zeitdruck geraten. Es ist zu erwarten, daß bei den in andere Kulturen importierten Tests kulturbedingte Modifikationen bei ca. 30% der items eines diagnostischen Verfahrens notwendig sind und bei ca. 10% der items sich kein befriedigendes Analogon finden läßt.

- Weitere Probleme ergeben sich beim Einsatz komplizierterer Befragungstechniken wie z.B. "multiple choice". Diese betreffen sowohl die Häufigkeitsschätzungen als auch die Zeitstrukturierung.

- DIAMOND (1985) konnte zeigen, daß sogar einfache Muster aus Vierecken, Kreisen, Zahlen oder Buchstaben in manchen Kulturen andere kognitive Prozesse auslösen als die in westlichen Gesellschaften bekannten Reaktionen.

- POORTINGA (1980) hebt hervor, daß die Unterschiede in der Vertrautheit mit Fragebogenmethoden ein gewichtiger Störfaktor bei transkulturellen Forschungen darstellen. Dies läßt sich auch allgemein von der Vertrautheit mit psychodiagnostischen Verfahren bzw. der Testsituation sagen. In

Ländern der sog. Dritten Welt ist das Bildungsniveau vieler Bevölkerungsgruppen als mindestens "semi-illiterate" und auf keinen Fall als testkundig anzusehen.

- Je nach gewählter Stichprobe aus fremden Kulturen können erhebliche Unterschiede bzgl. der Item- und Skalenäquivalenz der importierten diagnostischen Verfahren auftauchen. z.B. ist hier der jeweilige Akkulturationsgrad an die westliche Kultur bei den Probanden entscheidend.

- Kulturanthropologen haben die positive Betonung der Individualität bzw. die negative Einstellung zur allzu starken Konformität im europäisch-nordamerikanischen Kulturkreis und zum anderen die starke Hervorhebung sozialer Interdependenz zu Ungunsten der individuellen Kreativität in vielen außereuropäischen Gesellschaften hervorgehoben. Diese kulturell bedingten Orientierungen (Individualismus vs. Kollektivismus) schlagen sich auch in den verschiedenen diagnostischen Verfahren nieder. Gleiches gilt für Werte wie individuelle Leistung, Wettbewerb statt Kooperation etc. In diesem Zusammenhang ist auch zu berücksichtigen, von welcher Religion die zu untersuchende Kultur geprägt ist. Islam, Hinduismus oder Buddhismus haben andere Wertsysteme und kulturelle Orientierungen entwickelt als das Christentum (vgl. HOFSTEDE, 2001).

- Durch eine unkritische bzw. ungeprüfte Übernahme europäischer oder US-amerikanischer Intelligenztests ist davon auszugehen, dass unzählige Kinder fälschlicherweise als "mental retardiert" diagnostiziert werden, weshalb VASSAF (1985) sogar von einem "mental massacre of Third World children" sprach (vgl. auch GOULD, 1999).

Beispiel 1: Psychodiagnostik in Lateinamerika (LA)

Als Beispiel für den Gebrauch und Missbrauch „westlicher" Tests in der sog. Dritten Welt möge Lateinamerika dienen.

Viele von „westlichen" Autoren entwickelte Tests wurden und werden auch in LA verwendet. Zu nennen sind hier vor allem der Rorschach und die Gestaltungsverfahren wie der Sceno-, der Wartegg-, der Baum-Test etc., die auch gegenwärtig im angewandten Bereich in Gebrauch sind (vgl. STUBBE, 1987, 1998). Persönlichkeitsfragebogen wie der FPI, Gießen-Test etc. wurden dagegen bisher selten kulturvergleichend in LA eingesetzt. Der Münchener Alkoholismus Test (MALT) z.b. wurde ins Spanische übersetzt und in einer Kontroll-Untersuchung an ecuadorianischen Probanden normiert (GORENC, 1985). Das von WITTCHEN (1987) mitentwickelte "Composite International Diagnostic Interview" enthält in seiner portugiesischen Version nicht nur eine Fülle von groben grammatikalischen und inhaltlichen Sprachfehlern, sondern kann geradezu als ein Muster eines "kulturblinden" (M. Mead sprach vom "psychiatrischen Imperialismus"!) diagnostischen Verfahrens angeführt werden, weil es den vielfältigen ethnischen und soziokulturellen Verhältnissen (vgl. etwa "nordestinos", "Afro-Brasilianer" etc.) im portugiesischen Sprachraum - ohne von Afrika (z.B. Mosambik, Angola, Cabo Verde, Guinea-Bissau, São Tomé e Principe) oder Ost-Timor zu sprechen – überhaupt nicht gerecht wird. DIETMAR KLEINE (1987) versuchte das "Berliner Intelligenz-Struktur-Modell (BIS)" an südbrasilianischen Schülern und Studenten zu replizieren. Die Befunde waren sowohl hochgradig invariant gegenüber unterschiedlichen strukturanalytischen Methoden (Faktoren-, Cluster-Analyse und multidimensionale Skalierung) als auch bei Aufteilungen in Teilgruppen in hohem Maße replizierbar (zur Kriteriumsvalidität vgl. KLEINE, 1989). Einen originellen familiendiagnostischen Versuch, das "Familienbrett" bei den südchilenischen Mapuche einzusetzen, unternahm LUDEWIG (1989). Dabei traten Besonderheiten der Mapuche bzgl. ihres Konzepts von Natur und Familie zutage, die wesentlich von denen westlicher Familien abwichen. Übereinstimmungen mit ökologisch und systemisch orientierten westlichen Wissenschaftlern werden hier konstatiert. DOMINIK GÜSS (1998) untersuchte "Spontaneität versus Gründlichkeit" kulturvergleichend in Brasilien und Deutschland und kommt zu dem Ergebnis, dass es zwischen Brasilianern und Deutschen klare Unterschiede im Planungsverhalten gibt. Der Planungsstil der Deutschen hinsichtlich der Zukunft ist eher pessimistisch und skeptisch, während Brasilianer eher optimistisch in die Zukunft sehen.

Die Problematik des Einsatzes von westlichen Tests in der sog. Dritten Welt, die Frage der "Kulturfreiheit" des Diagnostizierens, die Probleme des Übersetzens, der Ethnozentrismus z.b. vieler projektiver Tests (TAT, CAT, Baum, Rosenzweig etc.), die Frage der Vergleichbarkeit der Testergebnisse aus verschiedenen Kulturen, die sozio-kulturellen Determinanten des diagnostischen Prozesses, die tiefenpsychologische Interpretation und Symboldeutung etc. wurden im Hinblick auf LA mit seinen multiethnischen Bevölkerungen bisher kaum kritisch bearbeitet (vgl. STUBBE, 1987, 1992, 2001).

Beispiel 2: Psychodiagnostik bei Migranten in Deutschland

In der psychodiagnostischen Arbeit mit Migranten können wir eine interkulturelle diagnostische Situation (Pb und Diagnostiker besitzen unterschiedliche kulturelle Backgrounds) von einer monokulturellen unterscheiden. In der interkulturellen Psychodiagnostik treten alle oben bereits aufgezählten Probleme auf. Zunächst spielt die *Auswahl der Sprache* eine hervorragende Rolle. Türkische Psychologen und Psychotherapeuten z.B. führen die psychologische Beratung, Diagnostik und Therapie mit türkischen Migranten sehr oft in türkischer Sprache durch. Dies gilt insbes. für die Patientengruppe der ersten Generation. Schulkinder und Jugendliche bringen oft auch die deutsche Sprache mit in die Therapie und Diagnostik ein bzw. wechseln vom Türkischen ins Deutsche bzw. umgekehrt. Hier ist es sinnvoll, wenn sich der zweisprachige Psychologe den Wünschen der Patienten anpasst, was die Sprachwahl betrifft. Dies gilt auch für das *psychodiagnostische Gespräch* (Anamnese, Exploration, Interview). In der biographischen Anamnese wird den ätiologischen Krankheitsvorstellungen (vgl. STUBBE, im Druck) und den Belastungen der Migrationsgeschichte des Patienten (vgl. SLUZKI, 2001) eine besondere Aufmerksamkeit zukommen. Fragen nach den Gründen, dem Verlauf und den Bedingungen der Migration, nach einer evtl. früheren Binnenmigration (z.b. vom Land in die Stadt), nach den Erwartungen an das Aufnahmeland, nach der Anzahl der in Deutschland lebenden Familienmitglieder, nach der Akkulturation, der Identität, etc. Aus welchem Teil seines Heimatlandes kommt er (Dorf, Großstadt), kommt er aus einer Minderheitengruppe (z.B. Kurden, Armenier, Afroamerikaner) mit welchem Alter kam er nach Deutschland: ist er als „Opfer" der Familie gewählt worden, ist die Migration ein Auftrag der Familie gewesen, damit er im Ausland Geld verdient, um die Familie zu unterstützen? Fühlt sich der Migrant als Verräter, Versager, als jemand der den Abbruch der Beziehungen zur Familie befürchten muss, wenn Misserfolgserlebnisse auftreten ? Wie wird der Heiratsprozess durch die Migration beeinflusst? Ist der Migrant in seinen Heiratsentscheidungen frei? Beeinflussen Entwurzelungserlebnisse seine Rolle und sein Verhalten zu seiner Heimat und seiner Familie? In welcher Familienstruktur lebt der Migrant gegenwärtig und welches ist sein religiöser Hintergrund ? Mit welchen Einstellungen, Vorstellungen lebt der Migrant und seine Familie hier ? Welche Erziehungsvorstellungen und –ziele besitzt er? usw. (weitere Fragen bei HEGEMANN & SALMAN, 2001:153ff)

Die *Verhaltensbeobachtung* von Migranten z.B. Eltern/Mutter-Kind-Beobachtung oder im Rahmen einer Verhaltensanalyse erfordert tiefgehende Kenntnisse der Herkunftskultur und der nonverbalen Kommunikation der Migranten, dies gilt besonders für interkulturelle psychodiagnostische Beobachtungssituationen, weil es sonst zu Psychopathologisierungen und nicht angemessenen Wertungen und Attribuierungen kommen kann. Im übrigen sind auch hier alle bekannten Beobachtungsfehler möglich (z.B. Projektionen, Schwarz-Weiß-Malerei, erster Eindruck, etc.). Durch Videoaufzeichnungen kann die Verhaltensbeobachtung im Rahmen einer Supervision durch interkulturell ausgebildete Psychologen bearbeitet werden.

Psychologische Testverfahren werden in der klinischen Arbeit mit Migranten oftmals gemieden, weil zu wenig standardisierte Verfahren für diese Gruppen vorliegen, so dass man sich oftmals auf die Ergebnisse des psychodiagnostischen Gesprächs und seine eigenen klinischen Erfahrungen verlässt. Meist werden aber Tests im Rahmen von (Renten-, Verkehrs- etc.) Gutachtertätigkeit eingesetzt oder Intelligenz- und Leistungstests bei (Sonder) Schulfragen. Man versucht in der Praxis möglichst „kulturfreie Verfahren" (die es nicht gibt!) zur Anwendung zu bringen z.b. Intelligenztests wie den Coloured Progressive Matrices (CPM), Standard Progressive Matrices (SPM), CFT, etc. Die Verwendung des HAWIE bzw. HAWIK beschränkt sich oftmals nur auf den Handlungsteil. Im Verbalteil werden bestimmte Fragen oftmals verändert: „Welche Farben hat die deutsche Fahne?" Wird zu: „Welche Farbe hat die türkische Fahne?" Oder : „Was ist die Bibel?" Wird zu: „Was ist der Koran?"

Auch projektive Tests wie z.B. TAT, CAT, Rorschach, Familie in Tieren (FIT), Satzergänzen werden äußerst selten eingesetzt. Der Sceno-Test enthält leider keine für Migrantenfamilien angepasste Modifikationen, z.B. bzgl. Hautfarbe und Kleidung der Püppchen. Was bedeutet z.B. ein Schwein im FIT eines islamischen Kindes? Oder ein Elefant im FIT eines indischen auslandsadoptierten Kindes?

Über alle diese spezifischen Probleme in der Psychodiagnostik mit Migranten gibt es noch keine gesicherten Erkenntnisse. Alle Autoren der gängigen deutschsprachigen psychodiagnostischen Lehrbücher erwähnen diese Probleme jedoch mit keiner Zeile und sind dementsprechend als ethnozentrisch zu bezeichnen, weil sie die soziale und kulturelle Realität in Deutschland/Europa bisher nicht wahrgenommen haben. Wichtig wäre es hier vor allem einen intensiven Austausch mit den Psychologen und Psychologinnen der Herkunftsländer zu entwickeln, da in vielen dieser Länder bereits übersetzte und manchmal auch standardisierte Verfahren vorliegen und es jeweils überprüft werden müsste, ob sich diese Verfahren auch für die entsprechenden Migrantengruppen in Deutschland eignen.

Aus kulturanthropologischer, ethnopsychologischer und transkulturell-psychologischer Sicht sollte eine patientenorientierte Psychodiagnostik gefordert werden, die oftmals mit einer Verhandlungskultur zu tun hat und weniger mit hierarchischen Machtbeziehungen. Diagnosen sind nicht allein Ausdruck eines statischen Sozialsystems, sondern eher eines dynamischen Beziehungsgeflechts, zu dem Interpretationen, Neuinterpretationen, Geheimhaltungen, Bewertungen und kulturelle Hegemonien gehören. Kliniken und klinisch-psychologische Einrichtungen im allgemeinen Sinne sind daher Orte, in denen Konflikte über unterschiedliche soziale und kulturelle Realitäten und Konzepte und über Fragen von ethnischen Status ausgehandelt werden. KLEINMAN (1978) hat deshalb gefordert, den „kategorischen Irrtum" zu vermeiden, dass westliche diagnostische Kategorien kulturunabhängige Variablen seien, und schlägt dagegen vor, westliche psychologische/psychiatrische Erklärungsmodelle als spezifisch für einen bestimmten Kulturraum anzusehen. Kultur ist demnach der Kontext, in dessen Rahmen jedes menschliche Erleben und Verhalten sowie jede psychische Krankheit zu denken ist, und nicht etwa darauf beschränkt, natürliche Phänomene nur zu formen". (vgl. auch: JOOP DE JONG, 2001, S. 130ff; TSENG, 2001)

Literaturverzeichnis

Athayde, A. (1962) Contribuição para o estudo da psicologia aplicada ao Ultramar português. Lisboa: Junta de Investigações do Ultramar, Tip. Minerva.

Baldus, H. (1947) Aplicação do psico-diagnostivco de Rorschach a índios Kaingang. Revista do Museu Paulista (São Paulo), N.S., I:75-106

Ders. (1953) Psicologia étnica. In: O.Klineberg (ed.), A psicologia moderna, São Paulo, 429-477.

Billig, M. (1981) Die rassistische Internationale. Zur Renaissance der Rassenlehre in der modernen Psychologie. Frankfurt/M.

Bleuler, M. & Bleuler, R. (1935) Rorschach's ink-blot-test and racial psychology. Character and Personality, 4,:97-114

Bock, P.K. (1988) Rethinking Psychological Anthropology. New York.

Cook, T. (1942) The application of the Rorschach-test to a Samoan group. Rorschach Research Exchange, 6: 51-60

Dentan, R. K. & Nowak, B. (1980) Die soziale Stellung des Minderbegabten. In: W. Pfeiffer & W. Schoene (Hrsg.), Psychopathologie im Kulturvergleich.

Devereux, G. (1985) Realität und Traum. Psychotherapie eines Prärie-Indianers (1951). Frankfurt/M.

Dubois, C. (1944) The people of Alor. New York.

Dubois, P. (1970) A history of psychological testing. Boston.

Evin, S. (1964) Language and TAT content in bilinguals. Journal of Abnormal and Social Psychology, 68:500-507.

Fisseni, H.J. (2000) Diagnostik. In: J.Straub et al. (Hrsg.), Psychologie in der Praxis. Anwendungs- und Berufsfelder einer modernen Wissenschaft. München:19-49.

Gallo, D. (1988) Antropologia e Colonialismo:O saber português. Lisboa:Editores Reunidos/Heptágono.

Gould, St. J. (1999) Der falsch vermessene Mensch. Frankfurt/M.

Hegemann, Th. & Salman, R. (Hrsg.) (2001) Transkulturelle Psychiatrie. Bonn.

Hofstede, G. (2001) Lokales Denken, globales Handeln. München.

Jahoda, G. (1992) Crossroads between culture and mind. Continuities and change in theories of human nature. New York.

Kardiner, A. & Preble, E. (1974) Wegbereiter der modernen Anthropologie (1961). Frankfurt/M.

Kaupen-Haas, H. & Saller, Chr. (Hrsg.) (1999) Wissenschaftlicher Rassismus. Frankfurt/M.

Lange, Fr. A. (1974) Geschichte des Materialismus (1866). 2 Bd.e, Frankfurt/M.

Leão Bruno, A.M. (1944) O movimento Roschach no Brasil: An. Paulista Med. Cirur., XLVII:377ff

Le Vine, R.A. (1982) Culture, behavior and personality. New York.

Linton, R. (1974) Gesellschaft, Kultur und Individuum. Interdisziplinäre sozialwissenschaftliche Grundbegriffe. Frankfurt/M.

G.Linzey (1961) Projective techniques and cross-cultural research. NewYork.

Melk-Koch, M. (1989) Auf der Suche nach der menschlichen Gesellschaft: Richard Thurnwald. Berlin.

Mira, E., Mira, A.& de Oliveira, A. (1949) Aplicação do psicodiagnóstico miocinético ao estudo da agressividade. Arquivos Brasileiros de Psicotécnica, ano 1, N° 1:69-116

Mondlane, E. (1995) Lutar por Moçambique. Maputo:Minerva Central.

Mühlmann, W. F. (1936) Rassen- und Völkerkunde. Braunschweig.

Ders. (1947) Dreizehn Jahre. Aus den Tagebüchern eines Völkerpsychologen.

Nieuwenhuis, A. W. (1913- 1923) Die Veranlagung der malaiischen Völker des ostindischen Archipels. Internationales Archiv für Ethnographie, 21, 22, 23 und 25,

Parin, P. et al. (1963) Die Weißen denken zuviel. Frankfurt/M.

Peltzer, K. & Ebigbo, P. (ed.s) (1988) Clinical psychology in Africa. South of the Sahara, the Caribbean and Afro-Latin-America. Enugu.

Poortinga, Y. H. (1980) Methodik psychologischer Vergleichsuntersuchungen. In: W. Pfeiffer & W. Schoene (Hrsg.), Psychopathologie im Kulturvergleich.

van Quekelberghe, R. (1991) Klinische Ethnopsychologie. Heidelberg.

Rorschachiana. Internat. Zeitschrift für Rorschachforschung, 1952ff.

Schmid R. (1984) Psychodiagnostik. In: H.E.Lück et al. (Hrsg.), Geschichte der Psychologie. Ein Handbuch in Schlüsselbegriffen. München:141-146.

Sehringer, W. (1983) Zeichnen und Spielen als Instrumente der psychologischen Diagnostik. Heidelberg

Sluzki, C. E. (2001) Psychologische Phasen der Migration und ihre Auswirkungen. In: Th. Hegemann & R. Salman (Hrsg.), Transkulturelle Psychiatrie. Bonn:101-115

Sommer, R. (1984) Experimental-psychologische Apparate und Methoden. Passauer Schriften zur Psychologiegeschichte, Nr.2. Passau.

de Sousa , C.Chr. (1953) O método de Roschach. São Paulo.

Spain, D. (1972) On the use of projective tests for research in psychological anthropology. In: F.Hsu (ed.), Psychological Anthropology. Homewood/Ill.:267-308.

Stubbe, H. (1987) Geschichte der Psychologie in Brasilien. Von den indianischen und afrobrasilianischen Kulturen bis in die Gegenwart. Berlin,

Ders. (1989) Hatten die Germanen graue Augen? Rassenpsychologisches bei Carl Gustav Carus (1789-1869). Psychologie und Geschichte, Jg. 1, Heft 3:44-53

Ders. (1992) Psychologie. In: N. Werz (Hrsg.), Handbuch der deutschsprachigen Lateinamerikakunde. Freiburg/Brsg.

Ders. (1995) Prolegomena zu einer Transkulturellen Kinderpsychotherapie. Prax. Kinderpsychol. Kinderpsychiat., 44:124-134.

Ders. (1998) Rezension: J. Fliegner, Scenotest-Praxis etc., Kölner Beiträge zur Ethnopsychologie und Transkulturellen Psychologie, Nr.4:117-120

Ders. (1998) Sigmund Freud in den Tropen. Zur Frühgeschichte der Psychoanalyse in Brasilien (bis 1937). Kölner Beiträge zur Ethnopsychologie und Transkulturellen Psychologie, Nr.4.

Ders. (2001) Kultur und Psychologie in Brasilien. Bonn.

Ders. Lexikon der Ethnopsychologie und Transkulturellen Psychologie. Im Druck.

Szondi, L. (1976) Lehrbuch der experimentellen Triebdiagnostik: Die Anwendung des Testes in der Ethnologie und Ethnopsychologie. Bern: 415-417.

Thomas, A. (1993) Kulturvergleichende Psychologie. Eine Einführung. Göttingen,

Tseng, W.S. (2001) Handbook of cultural psychiatry. Boston

Weidemann, D. & Straub, J.: Psychologie interkulturellen Handelns. In: J. Straub et al. (Hrsg.), Psychologie in der Praxis. Anwendungs- und Berufsfelder einer modernen Wissenschaft.

FAHRERLAUBNIS BEREITS MIT 17?

ERGEBNISSE EINER LÄNGSSCHNITTUNTERSUCHUNG ZUR VORHERSAGE VON VERKEHRSVERSTÖSSEN BEI FAHRANFÄNGERN

Wilfried Follmann und Thomas Wittig

Einleitung

Seit den sechziger Jahren sind junge Fahrer als besondere Problemgruppe im Straßenverkehr bekannt. Für Autofahrer zwischen 18 und 24 Jahren ist das Risiko, bei einem Verkehrsunfall ums Leben zu kommen, mehr als doppelt so hoch wie für den Rest der Kraftfahrer. Allein das Unfallrisiko ist vier- bis fünfmal so hoch wie bei erfahreneren Fahrern ab 25 Jahren. Als Ursachen für diese Risikoerhöhung gelten mangelnde Reife, Überschätzung der eigenen Kompetenzen bei begrenzter Fähigkeit zur realistischen Gefahrenerkennung, eine hohe Risikoakzeptanz, mangelnde Fahrroutine sowie die spezielle Lebensweise, bei der das Verhalten in starkem Maße an der Gruppe der Gleichaltrigen ausgerichtet wird (HAMM, 1998).

Die häufigste Unfallursache bei jungen Fahrern ist überhöhte, nicht angepasste Geschwindigkeit. 1996 waren 37,1 % der Unfallfahrer bei so genannten Geschwindigkeitsunfällen nicht älter als 25 Jahre (STATISTISCHES BUNDESAMT, 1997). Verkehrsuntüchtigkeit (in den meisten Fällen durch Alkohol bedingt) ist in ca. 11 % der Fälle Ursache von Unfällen bei Fahranfängern (HOPPE et al., 1998). WEIßBRODT (1989) nennt vier Hauptmerkmale von Fehlverhaltensweisen bei jungen Fahrern: nichtangepasste Geschwindigkeit, Vorfahrtfehler, ungenügender Sicherheitsabstand und Alkoholeinfluss.

Der Gesetzgeber hat in den vergangenen Jahren durch verschiedene Maßnahmen versucht, das besondere Gefährdungspotenzial zu reduzieren, das von dieser Fahrergruppe für die Verkehrssicherheit ausgeht (z.B. Stufenführerschein für Motorradfahrer, Fahrerlaubnis auf Probe). Durch diese Maßnahmen hat sich das Unfallrisiko für Fahranfänger zwar deutlich verringert, andererseits liegt es im Vergleich mit anderen Altersgruppen nach wie vor überproportional hoch (KROJ, 1996).

Zu bemängeln ist an den bisher durchgeführten Verkehrssicherheitsmaßnahmen, dass sie von einer zu globalen Betrachtung der Problemgruppe "Fahranfänger" ausgehen und durch den zwangsläufig eintretenden "Streuungsverlust" die eigentlichen Problemfälle nicht erreichen. Tatsache ist vielmehr, dass die Wahrscheinlichkeit, durch Trunkenheitsfahrten oder nicht-alkoholbedingte Verstöße gegen verkehrsrechtliche Bestimmungen registriert zu werden, nicht für alle Fahranfänger gleich ist. Während der überwiegende Teil der Fahranfänger sich normgerecht verhält, werden einige junge Fahrer aufgrund bestimmter Persönlichkeitsmerkmale sowie typischer Einstellungen und Verhaltensweisen, die sich bereits vor Beginn der Fahrausbildung manifestiert haben, mit einer höheren Wahrscheinlichkeit im Straßenverkehr auffällig als andere.

Eine Maßnahme, die zur Erhöhung der Verkehrssicherheit von Fahranfängern beitragen könnte, wird im Modell des so genannten "Begleiteten Fahrens" gesehen. Ziel des "Begleiteten Fahrens" ist es, dem jungen Fahranfänger die Möglichkeit zu geben, Fahrpraxis unter kontrollierten Bedingungen zu erwerben.

In diesem Zusammenhang wurde im Arbeitkreis 1 des 41. Verkehrsgerichtstages in Goslar (2003) die Herabsetzung des Mindestalters zum Erwerb der Fahrerlaubnis diskutiert, denn die Auflage, für eine bestimmte Zeit nur mit einem Begleiter zu fahren, dürfte in Deutschland gegenüber einem 18-jährigen – und somit erwachsenen - Fahrerlaubnisinhaber rechtlich und tatsächlich nicht durchsetzbar sein. Der Arbeitskreis wies darauf hin, dass bei der Ausgestaltung des Modells "Begleitetes Fahren ab 17" unbedingt die Balance zwischen Zugangsfreundlichkeit einerseits und Risikominimierung in der Begleitphase andererseits gewahrt werden müsse.

Der folgende Beitrag beschäftigt sich mit der Frage, ob die Bestrebungen, die Mobilität 17 Jähriger dadurch zu steigern, dass sie die Fahrerlaubnis ein Jahr früher erwerben können, aufgrund der Ergebnisse einer empirischen Untersuchung spezifischer Risikofaktoren bei Fahranfängern aus verkehrspsychologischer Sicht unterstützt werden können.

Methode

Zur Identifizierung prognostisch relevanter Risikomerkmale für Verkehrsverstöße wurde in der Zeit von Juli 1990 bis November 1991 vom Psychologischen Institut der Universität zu Köln unter der Leitung von Prof. Dr. E. Stephan in ausgewählten Fahrschulen im gesamten (alten) Bundesgebiet eine Befragung von mehr als 6.000 Fahrschülern durchgeführt.

Die Daten wurden mittels Fragebogen (entwickelt von Prof. Dr. E. Stephan) gewonnen, der durch einen geschulten Interviewer verteilt, das Ausfüllen erläutert und kontrolliert wurde. Die Interviewer dokumentierten außerdem ihre Beobachtungen und Kommentare der Fahrschüler.

Um eine spätere Identifizierung der Teilnehmer zu ermöglichen, wurden die Fahrschüler gebeten, ihren Namen und ihre Anschrift anzugeben. Um eine hohe Bereitschaft zur Mitarbeit zu erreichen, war das Ausfüllen sowie die Angabe der Personendaten mit einem Gewinnspiel gekoppelt.

Neben demographischen Variablen (Alter, Herkunft, Bildung usw.) wurden Einstellungen zum Verkehrs- und Freizeitverhalten, zu Alkohol im Straßenverkehr sowie die konkreten Trinkgewohnheiten der Fahrschüler erfasst. Der Fragebogen beinhaltet außerdem eine Skala zur Messung der Merkmale "Risikobereitschaft" und "Kontrollüberzeugung".

1998 wurden mehr als 4.000 Teilnehmer dieser Befragung hinsichtlich möglicher Eintragungen im Verkehrszentralregister des Kraftfahrt-Bundesamtes überprüft. Um in die endgültige Untersuchungsstichprobe aufgenommen zu werden, d.h. um als "Fahranfänger" im eigentlichen Sinne zu gelten, mussten die entsprechenden Personen folgende Voraussetzungen erfüllen:

- Alter beim Erwerb der Fahrerlaubnis maximal 25 Jahre,
- kein Besitz der Führerscheinklassen 2 (Lkw) oder 3 (Pkw) länger als sechs Monate vor dem Zeitpunkt der Befragung. Dies war z.B. bei Personen der Fall, die am Fahrschulunterricht teilnahmen, um ihre Fahrerlaubnis zu erweitern, in der Regel auf Klasse 1 (Motorrad), Klasse 2 oder die Erlaubnis zur Fahrgastbeförderung, aber auch bei Personen, die aufgrund einer behördlichen Anordnung an einem Nachschulungskurs für auffällige Fahranfänger teilnahmen.

Insgesamt gingen in die Berechnungen zur Prognose nicht-alkoholbedingter Verkehrsauffälligkeiten die Daten von mehr als 3.500 Fahranfängern ein (Follmann, 2000). Bei der Untersuchung der Prädiktoren für Trunkenheitsfahrten reduzierte sich der Umfang der Stichprobe - vor allem aufgrund fehlender Angaben zum Trinkverhalten - auf ca. 2.500 (Wittig, 2002). Einstellung der Fahrschüler zu Verkehrssicherheitsmaßnahmen

Bei der Bewertung von Maßnahmen zur Erhöhung der Verkehrssicherheit zeigte sich bei den befragten Fahrschülern ein wesentlicher Unterschied im Hinblick darauf, ob die Maßnahme auf die Reduzierung von Risiken durch Alkohol am Steuer oder durch hohe Geschwindigkeit abzielt.

Die Mehrzahl der Fahrschüler erkannte die Gefahr, die durch Alkoholkonsum für die Verkehrssicherheit besteht und sie befürwortete Maßnahmen zur Reduzierung des dadurch bestehenden Risikos. So war mehr als die Hälfte der Befragten dafür, im Straßenverkehr die Null-Promillegrenze für Fahranfänger einzuführen, nur ca. ein Drittel hielt diesen Vorschlag für falsch. Entsprechend wurde die bis dahin in der Bundesrepublik geltende 0,8-Promille-Regelung von mehr als der Hälfte der Befragten abgelehnt. Auch der zum Zeitpunkt der Untersuchung geplanten - und inzwischen realisierten - Herabsetzung der Grenze der

134

absoluten Fahruntüchtigkeit von 1,3 auf 1,1 Promille stimmten mehr als 2/3 der Befragten zu. Darüber hinaus würden mehr als 3/4 der befragten Fahrschüler sich dazu verpflichten, beim Fahren völlig auf Alkoholkonsum zu verzichten, wenn dadurch die Versicherungsprämie gesenkt würde. Bei der Betrachtung der Antworten nach Geschlecht getrennt erkennt man, dass junge Frauen der Absenkung von Promillegrenzen in signifikant höherem Maße zustimmten als junge Männer.

Ein völlig anderes Bild zeigte sich dagegen bei der Bewertung von Maßnahmen zur Erhöhung der Verkehrssicherheit durch die Einführung einer generellen Geschwindigkeitsbeschränkung von 100 km/h auf Autobahnen (wie sie in der DDR gegolten hatte). Weit mehr als die Hälfte der Befragten hielt ein solches Ansinnen für falsch und plädierte für die Beibehaltung der in der Bundesrepublik geltenden Regelung, d.h. keine generelle Beschränkung der Geschwindigkeit auf Autobahnen. Diese Meinung war bei männlichen Jugendlichen deutlicher ausgeprägt als bei weiblichen.

Zusammenfassend ist festzustellen: Während die befragten Fahrschüler in Bezug auf Alkohol am Steuer eher für Maßnahmen waren, durch die die Verkehrssicherheit erhöht wird, nämlich die Herabsetzung von Promillegrenzen, lehnten sie in Bezug auf Geschwindigkeitsbegrenzungen sicherheitsfördernde Maßnahmen überwiegend ab.

Angaben der Fahrschüler zum Trinkverhalten

In Bezug auf das Alkoholtrinkverhalten wurde in der Fahrschülerbefragung nach Trinkhäufigkeiten und Konsummengen, aber auch nach den Trinkpartnern, -orten und -anlässen gefragt. Bei den Angaben wurde differenziert nach dem Konsum von Bier, Wein/Sekt und Spirituosen (-mixgetränken).

Das beliebteste alkoholische Getränk bei den Fahrschülern war erwartungsgemäß Bier. 2/3 aller Befragten gaben an, mehrmals monatlich Bier zu trinken, in Bezug auf Spirituosen erklärten dies nur ungefähr 1/4 der Fahrschüler. Fasst man alle Getränkearten zusammen, so zeigte sich, dass die männlichen Fahrschüler signifikant häufigeren Alkoholkonsum angaben. 38,7 % der Männer gegenüber 13,6 % der Frauen waren als regelmäßige Alkoholkonsumenten anzusehen, 52,9 % Männer und 76,2 % Frauen fielen in die Kategorie der gelegentlichen Konsumenten und 7,4 % der Männer bzw. 9,2 % der Frauen waren als Nichtkonsumenten zu bewerten. Als regelmäßige Alkoholkonsumenten wurden dabei die Personen eingestuft, die angegeben hatten, mehrmals in der Woche entweder Bier, Wein oder Spirituosen getrunken zu haben. Als gelegentliche Alkoholkonsumenten wurden die Fahrschüler bewertet, die bei einer der Alkoholika 'mehrmals im Monat' oder 'seltener als einmal im Monat' angegeben hatten. Nichtkonsumenten waren schließlich diejenigen, die bei allen drei Alkoholarten die Angabe 'nie oder weniger als einmal im Jahr' angekreuzt hatten.

Der Alkoholkonsum erfolgte in der Regel außerhäuslich im Rahmen der Freizeitgestaltung. Folglich waren die meistgenannten Trinkpartner die Freunde (Peers), gefolgt von den Lebenspartnern. Betrachtet man die Häufigkeitsangaben nach Geschlechtern getrennt, muss man aber eher annehmen, dass die männlichen Fahrschüler nicht mit der Partnerin, sondern wohl eher in Anwesenheit der Partnerin Alkohol tranken.

Die Angaben der Fahrschüler zu den konkreten Trinkmengen wurden zur besseren Vergleichbarkeit in Trinkeinheiten (TE) umgerechnet (1 TE = 0,2 l Bier oder 0,1 l Wein oder 0,02 l Spirituosen oder 0,2 l Mixgetränke). In der Untersuchung war gefragt worden, welche Getränke in welchen Mengen in der der Erhebung vorangegangenen Woche konsumiert worden waren. Wie zu erwarten, gaben die männlichen Fahrschüler nicht nur den häufigeren (s.o.), sondern auch den höheren Alkoholkonsum an als die Fahrschülerinnen. Durchschnittlich hatten die Männer 17 TE/Woche konsumiert, die Frauen 6,5 TE/Woche. Unter Berücksichtigung der gesundheitlich bedenklichen Tagesdosen von 40 g reinen Alkohols pro Tag und mehr für Frauen bzw. 60 g und mehr für Männer, ist festzustellen, dass diese Werte immerhin 1,4 % der Frauen und 5,9 % der männlichen Befragten erreichten.

In Bezug auf die Geschlechtszugehörigkeit zeigte sich bei der Fahrschülerbefragung zusammenfassend, dass die jungen Männer den häufigeren und höheren Alkoholkonsum – auch bei der erfragten persönlichen "Rekord-Trinkmenge" – angaben, über häufigere Rauscherlebnisse berichteten und beim ersten Rauscherlebnis signifikant jünger gewesen waren als die Fahrschülerinnen.

Das Wissen um die Zusammenhänge zwischen Alkoholmengen und damit erreichbarer Blutalkoholkonzentration erwies sich sowohl bei den Fahrschülern als auch bei den Fahrschülerinnen als sehr gering ausgeprägt. Die zum Erreichen bestimmter Blutalkoholkonzentrationen notwendigen Trinkmengen wurden durchweg deutlich unterschätzt.

Bei den männlichen Fahrschülern wiesen insbesondere das Schulbildungsniveau und das Lebensalter beim ersten Rauscherlebnis einen deutlichen Zusammenhang zur Trinkmenge zum Zeitpunkt des Fahrschulbesuchs auf. Die Hauptschüler gaben den höchsten, die Abiturienten den geringsten Alkoholkonsum an, je jünger ein Fahrschüler beim ersten Rauscherlebnis gewesen war, desto höher war sein Alkoholkonsum als junger Erwachsener.

Wesentlichen Einfluss hatte auch das soziale Umfeld auf den eigenen Alkoholkonsum. Die Vieltrinker unter den Fahrschülern hatten in der Regel Freunde und Bekannte, die ebenfalls viel Alkohol konsumierten, bzw. von denen der hohe Alkoholkonsum zumindest toleriert wurde.

Die Prognose nicht-alkoholbedingter Verkehrsauffälligkeiten

Von den mehr als 3.500 Personen, deren Daten beim Kraftfahrt-Bundesamt (KBA) in Flensburg abgerufen wurden und die in die Untersuchungsstichprobe (nicht-alkoholbedingte Verstöße) eingingen, waren 10,8 Prozent wegen eines oder mehrerer Verstöße gegen verkehrsrechtliche Bestimmungen ohne Alkoholbeteiligung im Verkehrszentralregister registriert. Von den befragten Männern waren 15,6 Prozent aufgefallen, von den Frauen nur 5,8 Prozent. Die Geschlechtszugehörigkeit war somit das wichtigste Merkmal zur Prognose von Verstößen gegen verkehrsrechtliche Bestimmungen.

Das am häufigsten von Fahranfängern begangene schwer wiegende Delikt im Straßenverkehr (i.S.e. Straftat) war Fahren ohne Fahrerlaubnis (43,7 % aller registrierten Delikte), gefolgt von Fahren ohne Versicherungsschutz (17,7 %), unerlaubtem Entfernen vom Unfallort (16,7 %) und fahrlässiger Körperverletzung (15,6 %). Der Anteil der Straftaten an der Gesamtzahl aller registrierten nicht-alkoholbedingten Auffälligkeiten im Straßenverkehr betrug 13,8%.

Die weitaus häufigste von den Fahranfängern begangene, weniger schwer wiegende Ordnungswidrigkeit war das Überschreiten einer Geschwindigkeitsbegrenzung (53,7 % aller registrierten Ordnungswidrigkeiten). Bedeutsam war darüber hinaus das Missachten von Vorfahrtregelungen mit einem Anteil von ca. 17 Prozent.

Hinsichtlich der Frage, welche demografischen Variablen – neben der Geschlechtszugehörigkeit - im Hinblick auf die Prognose nicht-alkoholbedingter Auffälligkeiten von Fahranfängern von Bedeutung sind, zeigte sich, dass junge männliche Fahrer mit einem niedrigen Bildungsniveau in stärkerem Maße auffallensgefährdet waren als ihre Altersgenossen mit einer höheren Qualifikation. Die höchste Auffälligenquote war bei den männlichen Fahranfängern nachzuweisen, die einen Hauptschulabschluss erworben (19,5 %) bzw. keinen Schulabschluss besessen hatten (17,0 %), die geringste bei denen, die zum Zeitpunkt der Untersuchung das Abitur erworben hatten (8,3 %).

Bedeutsam erscheint dieser Befund für die Konzeption präventiver und intervenierender Maßnahmen. So sollte der Einsatz entsprechender Programme in bestimmten Schultypen (Hauptschule, Berufsschule) intensiviert werden und zu einem möglichst frühen Zeitpunkt erfolgen, um die Chancen zu erhöhen, dass entsprechende ungünstige Einstellungen verändert werden können.

Eine wesentliche Rolle bei der Vorhersage nicht-alkoholbedingter Auffälligkeiten spielten darüber hinaus die Persönlichkeitsmerkmale "Risikobereitschaft" und "externale Kontrollüberzeugung". Zur Messung dieser Variablen wurde ein eigener Fragebogen konstruiert. Die Aussagen zur Erfassung von Risikobereitschaft beinhalten im wesentlichen die Bewertung risikoreicher Freizeitbeschäftigungen, wie Auto- und Motorradrennen. Weiterhin sollte erfasst werden, inwiefern jemand dazu tendiert, im Straßenverkehr gegen bestehende Regeln zu verstoßen bzw. wie groß sein Bedürfnis ist, das Auto über seine eigentliche Bedeutung als Fortbewegungsmittel hinaus als Instrument zur Steigerung des individuellen Spannungsmaßes einzusetzen.

Externale Kontrollüberzeugung, d.h. die Tendenz, das Eintreten wesentlicher Ereignisse äußeren Umständen oder anderen Personen zuzuschreiben, wurde im Hinblick auf das Zustandekommen eines Unfalls und der Registrierung eines Verkehrsverstoßes erfasst. Die Fahrschüler sollten die Aussagen des Fragebogens auf einer fünfstufigen LIKERT-Skala danach einschätzen, wie sehr sie diese für richtig oder falsch hielten.

Aufgrund einer Faktorenanalyse und nach der Überprüfung der üblichen Testgütekriterien konnten 18 Items des Fragebogens zu folgenden vier Merkmalen zusammengefasst werden: "Risikobereitschaft – Freizeit", "Risikobereitschaft - Verkehr", "Externale Kontrollüberzeugung - Unfall" und "Externale Kontrollüberzeugung - Punkte".

Um zu prüfen, inwieweit sich auffällig gewordene Fahrer von angepassten hinsichtlich dieser Merkmale unterscheiden und um den Einfluss demographischer Variablen zu kontrollieren, wurde zu jeder Person aus der Gruppe der beim Kraftfahrt-Bundesamt registrierten Fahrer ein nicht-aufgefallener Parallelfall aus der Gesamtstichprobe gezogen, bei dem in den Variablen Geschlecht, Alter, Bundesland, Ortsgröße und Schulabschluss Übereinstimmungen gegeben sein mussten.

Es zeigte sich, dass besonders das Merkmal "Risikobereitschaft" bei den später Auffälligen stärker ausgeprägt war als bei Nicht-Auffälligen. Auffällige Fahranfänger tendierten bereits in der Zeit während der Fahrschulausbildung dazu, Auto fahren mit einem gewissen Nervenkitzel zu verbinden und sie zeigten mehr Interesse an risikoträchtigen Freizeitbeschäftigungen. Die Unterschiede hinsichtlich der Ausprägung "externaler Kontrollüberzeugung" waren weit weniger ausgeprägt. Fahrschüler, die später durch Verstöße gegen verkehrsrechtliche Bestimmungen auffielen, tendierten lediglich dazu, Unfälle eher auf unkontrollierbare Umstände als auf eigenes Fehlverhalten zurückzuführen.

Die genannten Befunde gelten im Wesentlichen auch, wenn man lediglich die auffallensgefährdeten männlichen Fahranfänger betrachtet. In Übereinstimmung mit anderen empirischen Untersuchungen (SCHULZE, 1990, 1996) zeigten sich Hinweise auf ein Gefährdungsprofil junger Männer, das in hohem Maße durch risikoträchtige Extramotive bestimmt wird.

Bei den jungen Frauen ergab sich ein unklares Bild der besonders auffallensgefährdeten Fahrerinnen: Bei ihnen schien neben dem Interesse an risikoreichen Sportarten und riskantem Verhalten im Straßenverkehr der Aspekt "Geselligkeit", verbunden mit höherem Alkoholkonsum, von Bedeutung zu sein. Zu berücksichtigen ist hierbei, dass die Stichprobe der auffälligen Fahranfängerinnen zu klein war, um so differenzierte Aussagen wie bei den Männern treffen zu können, zudem kann es auch sein, dass es den typischen, besonders auffallensgefährdeten weiblichen Verkehrsteilnehmer nicht gibt, wie KESKINEN (1996) aufgrund der Analyse von Unfällen von Fahranfängern vermutete.

Die gefundenen Geschlechtsunterschiede weisen darauf hin, bei entsprechenden Präventions- und Interventionsprogrammen inhaltlich unterschiedliche Angebote für Männer und Frauen zu machen und speziell bei den Männern die große Bedeutung risikoreicher Extramotive in Bezug auf Freizeit und Autofahren zu berücksichtigen.

Die Prognose von Trunkenheitsfahrten

Bei der Untersuchung zum Zusammenhang zwischen Alkoholtrinkgewohnheiten in der Lebensphase des Fahrschulbesuchs und Trunkenheitsfahrten in den ersten Jahren nach Fahrerlaubniserwerb konnten die Daten von 2.595 Personen berücksichtigt werden.

1998 waren im Verkehrszentralregister insgesamt 65 der im Jahr 1991 befragten Fahrschüler wegen eines Alkoholverstoßes registriert. Dies entsprach 2,5 % der Ausgangsstichprobe. Von diesen 65 Trunkenheitstätern waren drei weiblichen Geschlechts. Für die Männer ergab sich daher eine Auffallensquote von 4,3 %.

Wegen der geringen Fallzahl von Trunkenheitstäterinnen erschien es nicht vertretbar, für die Frauen ein Auffallensprofil zu entwickeln. Die weiteren Ausführungen beziehen sich daher nur auf die männlichen Trunkenheitstäter.

Teilt man die Gesamtstichprobe der männlichen Fahrschüler hinsichtlich ihrer Trinkmengenangaben in Quartile, so verdreifacht sich die Auffallensquote von 2,3 % bei den 25% der Fahrschüler mit dem geringsten Alkoholkonsum hin zu 6,3 % bei den 25 % der Fahrschüler mit dem höchsten Alkoholkonsum. Ein weiterer Extremgruppenvergleich verdeutlicht den Einfluss des generellen Alkoholkonsums vor Fahrerlaubniserwerb auf die Wahrscheinlichkeit einer späteren Alkoholfahrt als Fahranfänger: Vergleicht man die 10 % der Fahrschüler mit dem geringsten mit den 10 % mit dem höchsten Alkoholkonsum, so verfünffacht sich der Anteil an (späteren) Trunkenheitstätern von 1,4 % auf 7,1 %.

Der Einfluss der Schulbildung auf die Wahrscheinlichkeit einer Registrierung im Verkehrszentralregister zeigte sich auch hinsichtlich der Alkoholverstöße. Von den Sonder- und Hauptschülern waren 6,1 %, von den Fahrschülern mit Mittlerer Reife 4,0% und von den Abiturienten (bzw. potentiellen Abiturienten, die zum Zeitpunkt des Besuchs der Fahrschule noch Schüler gewesen waren) 2,9 % später durch eine Trunkenheitsfahrt aufgefallen.

In Bezug auf den Einfluss der Schulbildung ist anzumerken, dass vermutlich nicht das Bildungsniveau unmittelbar die Wahrscheinlichkeit einer Trunkenheitsfahrt als Fahranfänger beeinflusst, sondern vielmehr die Tatsache, dass Hauptschüler früher ins Berufsleben eintreten als Abiturienten. Es gilt dann, sich in der Welt der Älteren zu behaupten, sich anzupassen und auch entsprechend Alkohol zu konsumieren. Bei regelmäßig höherem Alkoholkonsum steigt dann die Wahrscheinlichkeit einer entdeckten Trunkenheitsfahrt.

Um die Einflussvariablen im Hinblick auf Fahrten unter Alkoholeinfluss weiter zu spezifizieren, wurde auch zu den Trunkenheitstätern eine nicht-registrierte Vergleichsgruppe gebildet (entsprechend dem bereits beschrieben Vorgehen bei der Analyse nicht-alkoholbedingter Verstöße).

Auch bei diesem Vergleich zeigte sich wieder der Einfluss der Trinkmengen. Während die Trunkenheitstäter bei der Fahrschülerbefragung im Durchschnitt 22 Trinkeinheiten (TE) in der Woche konsumiert hatten, hatten die nicht-registrierten Vergleichsfälle nur 14 TE in der der Erhebung vorangegangenen Woche getrunken.

Im Gegensatz dazu waren die Angaben zu den Trinkhäufigkeiten nicht geeignet, zwischen den Aufgefallenen und Nicht-Aufgefallenen zu unterscheiden. Es ist unter den jungen Erwachsenen offenbar durchaus üblich, Alkohol zu trinken, entscheidend für das Risiko, später durch eine Trunkenheitsfahrt auszufallen ist jedoch, wie viel Alkohol konsumiert wird. Auch die erfragten Rauschhäufigkeiten unterschieden sich zwischen den Trunkenheitstätern und ihren Vergleichsfällen nicht signifikant.

Die für nicht-alkoholbedingte Verstöße bedeutsame 'Risikobereitschaft' diskriminierte nicht die Alkoholtäter von den Nicht-Aufgefallenen. Entsprechend fanden sich in der Untersuchung auch keine bedeutsamen Zusammenhänge zwischen Verkehrsverstößen ohne Alkoholeinfluss und Trunkenheitsfahrten.

Die höheren Trinkmengen bereits in der Lebensphase des Fahrschulbesuchs bei den Trunkenheitstätern wirkten sich entsprechend auch auf die Alkoholtoleranz (Giftfestigkeit) aus. Die durchschnittliche angegebene 'Rekordtrinkmenge zu

142

einem Anlass' lag bei den späteren Alkoholtätern bei 33,5 TE, bei der Vergleichsstichprobe bei 21,5 TE.

Wie in Abschnitt 4 beschrieben, hat das soziale Umfeld einen erheblichen Einfluss auf das Trinkverhalten. Die Trunkenheitstäter hatten häufigeren Konsum mit Arbeitskollegen/am Arbeitsplatz sowie mit Freunden angegeben. Auch wurde häufiger mit dem/r Lebenspartner/-partnerin und mit Familienmitgliedern Alkohol konsumiert als dies in der Vergleichsstichprobe der Fall war.

Zusammenfassend ergibt sich für den typischen Trunkenheitstäter hinsichtlich seiner Gewohnheiten zum Zeitpunkt des Fahrschulbesuchs vor Erwerb der Fahrerlaubnis folgendes Profil:

- Gefährdet sind Männer mit niedrigerem Schulabschluss, die sich in einem Umfeld bewegen, in dem viel Alkohol konsumiert wird. Sie sind bei ihrem ersten Rauscherlebnis 14 Jahre oder jünger und trinken im Schnitt als junge Erwachsene drei bis vier Trinkeinheiten (z.B. 3-4 x 0,2l Bier) täglich, zu besonderen Gelegenheiten auch die sechsfache Menge und mehr.

Es bleibt aber auch festzuhalten, dass nicht alle Fahrschüler, auf die dieses Profil zutrifft, in den ersten sieben Jahren nach Fahrerlaubniserwerb durch Alkoholverstöße auffallen. Eine überdurchschnittliche Gefährdung ist aber aus diesen Aspekten auf jeden Fall abzuleiten.

Ausblick - Fazit

Die Ergebnisse der vorliegenden Untersuchung stehen in Einklang mit vorliegenden empirischen Befunde und bestätigen die bisherigen Ansätze präventiver Konzepte insofern, dass man auch bei Fahranfängern zwischen Alkoholtätern und sonstigen Verkehrsdelinquenten differenzieren muss, d.h. dass beide Gruppen offenbar nicht die gleichen Bedingungsfaktoren aufweisen.

Bisherige Maßnahmen zur Erhöhung der Verkehrssicherheit von Fahranfängern, wie der Stufenführerschein für Zweiräder und die Fahrerlaubnis auf Probe, haben sich positiv ausgewirkt (BUNKOWSKY, 1993). Auch präventive Programme, wie Verkehrsunterricht in Schulen und allgemeine Aufklärungs- und Informationskampagnen zeigen positive Effekte. Darüber hinaus sind besonders zielgruppenspezifische Interventionen wie die Kampagne "Rücksicht kommt an", die sich speziell an Fahranfänger richtet und auf junge Menschen zugeschnittene Medien (z.B. Videoclips) nutzt, zu begrüßen(SCHULZE, 1996).

Zur nachhaltigen Reduzierung des Risikos, das von einem Teil der jungen Fahrer ausgeht, erscheinen jedoch weitere Anstrengungen nötig: Da es sich bei den Einstellungsfaktoren, die zu einer höheren Auffallensgefährdung im Straßenverkehr führen, um relativ stabile Merkmale handelt, sollten präventive Maßnahmen möglichst früh, d.h. schon vor Beginn der Fahrschulausbildung, ansetzen (KROJ, 1996). Zur Steigerung der Effektivität dürfte es sinnvoll sein, Präventions- und Interventionskonzepte noch stärker zielgruppen- und problemorientiert auszurichten (z.B. durch spezielle Programme für Haupt- und Berufsschulen). Notwendig erscheint auch eine Einbeziehung verkehrspsychologischer Erkenntnisse in die Fahrschulausbildung und eine bessere Kooperation von Psychologen und Fahrlehrern. Darüber hinaus sollte die verkehrspädagogische Begleitung junger Fahrer nicht mit dem Erwerb der Fahrerlaubnis enden, sondern in den ersten Jahre der Fahrpraxis fortgesetzt werden.

Speziell im Hinblick auf die Reduzierung der Gefährdung junger Fahrer durch Alkohol am Steuer sollte im Fahrausbildungkonzept ein Schwerpunkt auf die Bedeutung des generellen Alkoholkonsums gelegt werden, d.h. das Trinkverhalten unabhängig von der Verkehrsteilnahme sollte thematisiert werden.

Wie oben erläutert, üben die Geschlechtszugehörigkeit, die Schulbildung, das Lebensalter beim ersten Rausch sowie das Trinkverhalten des Umfelds einen entscheidenden Einfluss auf die Trinkmengen in der Lebensphase des Fahrschulbesuchs aus. Die Trinkgewohnheiten, insbesondere die Trinkmengen, beeinflussen erheblich die Wahrscheinlichkeit einer Trunkenheitsfahrt in den ersten Jahren als Kraftfahrer. Als zusätzliches Problem ist festzustellen, dass bei den Fahrschülern das Wissen um die tatsächlichen Zusammenhänge zwischen Trinkmenge und objektiver Blutalkoholkonzentration sehr gering ist.

Aufgrund dieser Erkenntnisse erscheint eine zusätzliche Unterweisung der Fahrschüler ähnlich dem Konzept der "Erste-Hilfe-Ausbildung" (Sofortmaßnahmen am Unfallort), gegebenenfalls als Pflichtmaßnahme, empfehlenswert. Unter fachlicher – z.B. verkehrspsychologischer – Anleitung könnte die Problematik 'Alkohol am Steuer' bearbeitet werden.

Wichtig ist dabei, die Fahrschüler wahrhaft über die Zusammenhänge zwischen Trinkmengen und Blutalkoholkonzentration aufzuklären. Informationen, die hinsichtlich derzeit rechtlich relevanter Promille-Grenzen sachlich falsch sind ("Das zweite Bier kann schon zuviel sein"), dienen nicht der Verkehrssicherheit, sondern bieten in erster Linie Fehlspekulationen Raum. Wenn eine Person nach dem Konsum von zwei Bier subjektiv nur eine geringe Wirkung spürt, gleichzeitig aber glaubt, gegen die gesetzliche Norm zu verstoßen, also mehr als 0,5 Promille erreicht zu haben, so wird diese Norm als sehr streng bewertet. Das ist sie aber keinesfalls, denn ein normalgewichtiger Mann muss eher sechs Trinkeinheiten (entsprechend mehr als einen Liter Bier oder einen halben Liter Wein) konsumieren, um eine derartige Blutalkoholkonzentration erreichen zu können.

Das Unwissen über die notwendigen Trinkmengen zur Erreichung bestimmter Promillegrenzen führt so eher dazu, dass Alkoholfahrten als Kavaliersdelikte gesehen werden, die mehr oder weniger jedem einmal unterlaufen können. Die ermittelten Alkoholtäter sehen sich selbst (und werden auch von anderen so gesehen) als "Pechvögel", die aus der Masse der alkoholisiert fahrenden Kraftfahrer zufällig "herausgepickt" worden sind (vgl. STEPHAN, 1988).

Mit Hilfe eines Fragebogens, der die relevanten kritischen Faktoren (Alkoholkonsummenge, Lebensalter beim ersten Rausch, Trinkverhalten der Peers, Bildungsniveau) erfragt, könnten "Risikokandidaten" bereits frühzeitig identifiziert werden und es könnte präventiv auf diese eingewirkt werden, z.B. in Form von Einzelberatungen. Mit entsprechender Anleitung könnte jeder Fahrschüler seinen eigenen "Gefährdungsindex" berechnen, z.B. durch Ermittlung eines Punktescores. Dabei muss die Möglichkeit der Selbstauswertung unbedingt gegeben sein, da ehrliche Angaben wohl kaum zu erwarten sind, wenn der betroffene Fahrschüler Konsequenzen, z.B. hinsichtlich des Fahrerlaubniserwerbs, befürchten müsste.

Sinnvoll könnte auch eine geschlechtsspezifische Ansprache sein. Bei den jungen Frauen wäre es wichtig zu erreichen, dass sie als Beifahrerinnen nicht mehr mit angetrunkenen oder betrunkenen Fahrern mitfahren. Auch dies könnte langfristig dazu beitragen, die männlichen jungen Fahrer zur Trennung von Trinken und Fahren zu motivieren (EMSBACH, 1995).

Aufgrund der Ergebnisse der vorliegenden Untersuchung erscheint die grundsätzliche Einführung einer Null-Promille-Grenze für alle Fahranfänger geboten. Auf diese Weise kann es zu einer generellen sozialen Ächtung von Fahrten unter Alkoholeinfluss kommen, vor allem aber würden – in Ergebnis oft sehr unzutreffende - Spekulationen über den möglichen Grad der Alkoholisierung entfallen. Ob man Alkohol getrunken hat oder nicht, ist eindeutig und leicht zu entscheiden. Widerstände gegen eine solche Null-Promille-Grenze wären beim überwiegenden Teil der Fahranfänger nicht zu erwarten, wie die durchgeführte Befragung ergeben hat und auch andere Untersuchungen zeigen (MÜLLER, 2000, 2001).

Vor dem Hintergrund der Ergebnisse der durchgeführten Untersuchung ist der Vorschlag, zur Einführung des Modells „Begleitetes Fahren" das Mindestalter für den Erwerb der Fahrerlaubnis auf 17 Jahre zu senken, nicht grundsätzlich abzulehnen. Der überwiegende Teil der jungen Fahrer stellt kein erhöhtes Gefährdungspotenzial für die Verkehrssicherheit dar. Unter Berücksichtigung entsprechender Kontrollmaßnahmen dürfte dies unabhängig davon gelten, ob sie zum Zeitpunkt des Fahrerlaubniserwerbs 17 oder bereits 18 Jahre alt sind.

Anders stellt sich die Situation bei den Fahranfängern dar, bei denen aufgrund der beschriebenen Merkmale mit erhöhter Wahrscheinlichkeit damit zu rechnen ist, dass sie gegen verkehrsrechtliche Bestimmungen verstoßen oder alkoholisiert am Straßenverkehr teilnehmen. Hier sind – unabhängig vom Mindestalter zum Erwerb der Fahrerlaubnis – besondere Präventionsmaßnahmen zu fordern. Denkbar wäre hier durchaus, entsprechende Maßnahmen mit dem Konzept des "Begleiteten Fahrens" zu verbinden, z.B. indem junge Fahrer mit einem erhöhten Auffallensrisiko während dieses Zeitraumes zusätzlich von besonders ausgebildeten Fahrlehrern oder Verkehrspsychologen begleitet werden.

Literatur

Bunkowsky, Ch. (1993). Die Fahrerlaubnis auf Probe - Ein psychologischer Beitrag zur Verkehrssicherheit. In: G. Kroj, H. Utzelmann & W. Winkler (Hrsg.): Psychologische Innovationen für die Verkehrssicherheit. 1. Deutscher Psychologentag. Bonn: Deutscher Psychologen Verlag, 88-92.

Follmann, W. (2000). Prädiktoren nicht-akoholbedingter Verkehrsauffälligkeiten bei Fahranfängern. Aachen: Shaker.

Hamm, M. (1998). Junge Kraftfahrer. In Deutsche Akademie für Verkehrswissenschaft e. V. (Hrsg.). 36. Deutscher Verkehrsgerichtstag 1998 (S. 159-177). Hamburg.

Hoppe, R., Nöcker, G., Franzkowiak, P., Schröder, I., Studsholt, P., Dederichs, E., Seemann, H.-P., Hammer, U. & Franke, K. D. (1998). Vom Risikoverhalten zur Risikokompetenz. Neue Impulse zur Verbesserung der Verkehrssicherheit bei jungen Erwachsenen. Gesellschaft für Öffentlichkeitsarbeit der deutschen Brauwirtschaft e. V. (Hrsg.). Bremerhaven: Wirtschaftsverlag NW.

Keskinen, E. (1996). Warum ist die Unfallrate junger Fahrerinnen und Fahrer höher? In: Bundesanstalt für Straßenwesen (Hrsg.): Junge Fahrer und Fahrerinnen. Referate der Ersten Interdisziplinären Fachkonferenz 12. - 14. Dezember in Köln. Bremerhaven: Wirtschaftsverlag NW, 42- 53.

Kroj. G. (1996). Ziel und Zweck der Konferenz. In: Bundesanstalt für Straßenwesen (Hrsg.): Junge Fahrer und Fahrerinnen. Referate der Ersten Interdisziplinären Fachkonferenz 12. - 14. Dezember in Köln. Bremerhaven: Wirtschaftsverlag NW, 17-20.

Müller, D. (2000). Alkoholverbot für Fahranfänger in der Probezeit - ein Diskussionsbeitrag. Neue Zeitschrift für Verkehrsrecht, 10, 401-408.

Müller, D. (2001). Fahranfänger und das Unfallrisiko Alkohol. Zeitschrift für Verkehrssicherheit, 47, 1, 20-22.

Schulze, H. (1990). Nächtliche Freizeitunfälle junger Fahrer. Zeitschrift für Verkehrssicherheit, 36, 139-141.

Schulze, H. (1996). Lebensstil und Verkehrsverhalten junger Fahrer und Fahrerinnen. Berichte der Bundesanstalt für Straßenwesen. Bremerhaven: Wirtschaftsverlag NW.

Statistisches Bundesamt (1997). Verkehrsunfälle 1997. Fachserie 8, Heft 7. Stuttgart: Metzler-Poeschel.

Stephan, E. (1988a). Trunkenheitsdelikte im Verkehr und Alkoholmissbrauch. *Blutalkohol, 25*, 201-227.

Weißbrodt, G. (1989). Fahranfänger im Straßenverkehr. Bundesanstalt für Straßenwesen, Schriftenreihe Unfall- und Sicherheitsforschung Straßenverkehr. Bremerhaven: Wirtschaftsverlag NW.

Wittig, Th. (2002). Personenbezogene Korrelate mit Trunkenheitsfahrten bei männlichen Fahranfängern. Aachen: Shaker.

ZUR BEWERTUNG MODERNER FAHRER-ASSISTENZ-SYSTEME AM BEISPIEL INTELLIGENTER FAHRZEUGBELEUCHTUNG

Cordula Haas und Walter Hussy

Zusammenfassung:

Sich nachts mit einem Fahrzeug, dem Fahrrad oder zu Fuß auf Straßen zu bewegen ist ungleich gefährlicher als am Tage. Neue technische Entwicklungen sollen die Fahrzeugführer unterstützen, gefährliche Situationen schneller und besser erkennen und richtig reagieren zu können. Im folgenden Artikel soll auf die psychologischen Grundlagen für diese Entwicklungen und die Methoden zu deren Evaluation eingegangen werden. Beispielhaft wird das Evaluationsvorgehen für ein neues, schwenkbares Kurvenlicht dargestellt, das eine bessere Ausleuchtung der Kurven gewährleisten soll. Dafür führte der TÜV-Rheinland einen Fahrversuch durch. Abschließend wird ein kurzer Überblick über die Vielfalt der technischen Ansätze innovativer Fahrerassistenzsysteme gegeben.

Einleitung:

Unter dem Begriff der modernen Fahrer-Assistenz-Systeme werden, neben z. B. Navigationssystemen oder Antiblockiersystemen (ABS), auch neuere Entwicklungen in der Lichttechnik gefasst. Änderungen des gesetzlichen Rahmens ermöglichen seit 2003, dass neue technische Lösungen für die Sichtprobleme bei Nachtfahrten realisiert werden können.

Nach Labahn (2000) sind von allen Informationen, die zum sicheren Fahren benötigt werden, etwa 84 % visueller Art. Normalerweise sind die Augen und das Informationsverarbeitungssystem gut an die Fahraufgabe angepasst. Bei schlechten Sichtbedingungen kann das visuelle System allerdings manchmal überfordert sein, wie auch Unfallstatistiken belegen. 1993 ereigneten sich in

Deutschland etwa 49,6 % der tödlichen Fahrunfälle bei Nacht, wogegen bei diesen Sichtbedingungen nur etwa 20 bis 25% der gesamten Fahrleistung erbracht werden. Die Gefahr eines tödlichen Unfalls ist somit in der Nacht doppelt so groß wie am Tage.

Eine weitere Erkenntnis aus der Unfallforschung (Wördenweber, Lachmayer & Witt 1996) ist, dass sich die meisten tödlichen Unfälle auf Landstraßen und Autobahnen ereignen. Die Autoren führen aus, dass auf Landstraßen und insbesondere in Kurvenbereichen die visuelle Führung und Orientierung fehle. Ähnliche Sachverhalte beschreibt Eckert (1998) und fügt hinzu, dass die Schwere der Unfälle in der Nacht deutlich höher als in den hellen Stunden sei, weil sie in hohem Maß von den visuellen Wahrnehmungsbedingungen bedingt werde.

Für Sicherheitsexperten leitet sich daraus zwangsläufig die Notwendigkeit der Entwicklung eines intelligenten lichttechnischen Systems am Fahrzeug ab. Wördenweber, Lachmayer und Witt (1996) geben einen Überblick über die Ergebnisse des Europäischen Forschungsprojekts EUREKA, das sich mit neuen Entwicklungen im Bereich der Fahrzeugbeleuchtung beschäftigt hat. In diesem Artikel beschreiben sie den Entwicklungsstand verschiedener Frontbeleuchtungstechniken, wie die dynamische Frontbeleuchtung, die dynamische Leuchtweitenregelung und auch das Kurvenlicht, das im Mittelpunkt dieses Artikels stehen soll, sowie das adaptive Licht, das sich sensorengestützt automatisch dem Straßenverlauf anpasst.

Viele Autoren habe sich mit der Frage beschäftigt, welche internen Prozesse bei der Entstehung von Unfällen eine Rolle spielen. Einige Überlegungen sollen hier dargestellt werden.

Unfallentstehung und Belastung und Beanspruchung

Die „Unfällertheorie" nach Marbe (1923) besagt, dass bestimmte Persönlichkeitstypen vermehrt in Unfälle verwickelt sind. Von anderen Zusammenhängen geht dagegen u.a. Eckert (1998) aus. Er weist darauf hin, dass die Unfallstruktur einen komplexen Charakter hat, der durch eine Reihe von unfallbegünstigenden und unfallauslösenden Komponenten gekennzeichnet sei. Menschliches Versagen spiele dabei oft eine große Rolle. Die Wahrnehmungssicherheit der Fahrzeugführenden könne demnach in folgenden Bereichen beeinträchtigt werden und so das Unfallrisiko erhöhen:

(1) Zu geringe optische Information durch Versagen des Sinnesorgans.

(2) Information wird aus Unaufmerksamkeit oder mangelnde Auffälligkeit des Objektes nicht aufgenommen.

(3) Die Fahrzeugführenden überschätzen die eigene Leistungsfähigkeit oder unterschätzen, wie risikobehaftet eine Situation ist.

Angesprochen werden hier jeweils Elemente der Informationsaufnahme und der -verarbeitung sowie der motorischen Reaktion.

Bei der näheren Betrachtung der Beanspruchungssituation von Nachtfahrten wird deutlich, dass die herkömmlichen, statischen Frontscheinwerfer die wichtige Innenseite einer Kurve, vor allem in Rechtskurven, unzureichend ausleuchten. Wenn sich Fahrradfahrer oder Fußgänger am Fahrbahnrand aufhalten, können diese im Vergleich zu Geradeausfahrten nur schlecht und zeitlich verzögert wahrgenommen werden. Die Fahrzeugführenden müssen somit in der Kurvenfahrt sehr viel schneller reagieren, um den Personen auszuweichen. Dieses verringerte potenzielle Reaktionszeitfenster erhöht die Belastung und Beanspruchung.

Auch für Rohmert (1984) sind u. a. die Unfallursachen mit dem Begriff der *Belastung* zu beschreiben. Als *Beanspruchung* bezeichnet er die Wirkung der *Belastung*, die durch individuelle Eigenschaften, Fähigkeiten und Bedürfnisse der beteiligten Person variiert werden. Durch gleich starke Belastungen können somit, je nach Befindlichkeit der Personen, inter- und intraindividuell unterschiedliche Beanspruchungen entstehen.

Ebenso verweist Hering (1999) darauf, dass Unfalldaten alleine nicht ausreichen, um das Verkehrsgeschehen abzubilden und daraus neue Verkehrsgestaltungsmaßnahmen zu entwickeln. In den letzten Jahren wurde in der Forschung mehrfach nachgewiesen, dass das Kriterium der mentalen Belastung als Unfallursachen eine zentrale Rolle spielt und in die Gestaltung der Verkehrsbedingungen Berücksichtigung finden sollte. Der Autor verweist auf die Relevanz der Konzepte der *Belastung und Beanspruchung*, die in der Kognitionspsychologie angesiedelt sind. Aus dieser Sicht wird das Fahrverhalten unmittelbar durch individuelle Merkmale der Informationsverarbeitung beeinflusst. Er gibt einen zusammenfassenden Überblick über die Faktoren, die die Ausführung der Fahraufgabe beeinflussen. Hierfür berücksichtigt er die Erkenntnisse aus den Arbeitswissenschaften und der Ergonomie. Für Hering findet eine Beanspruchungswirkung auf der körperlichen und der kognitiven Ebene statt. Dabei modellieren intra- und interindividuelle Unterschiede die subjektiv erlebte Beanspruchung. Dies zeigt sich z. B. in unterschiedlichen Fahr-Erfahrungen und im Einfluss der Tageszeit auf die Leistungsfähigkeit. Als objektive Faktoren wirken situative Unterschiede im Verkehrsgeschehen und die Güte der Fahrzeug- und Assistenzsystem-Ergonomie, also der Gestaltung und Handhabbarkeit des Fahrzeugs.

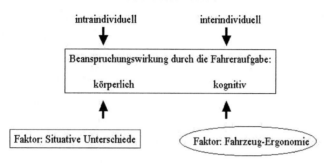

Abbildung 1: Der Prozess der Belastung und Beanspruchung: Das Faktorenmodell nach Hering (1999, S. 9).

Stephan et al. (2000, S.4) verweisen darauf, dass es das Ziel der Beanspruchungsmessung ist, „.... Belastungsspitzen zu erkennen, die ein erhöhtes Unfallrisiko beinhalten".

Zur Erklärung der Konzepte Belastung und Beanspruchung wird in der Literatur der Informationsverarbeitungsansatz als theoretische Grundlage herangezogen. Dieser soll im Folgenden näher beschreiben werden.

Theoretischer Hintergrund:

Zur Informationsverarbeitung gibt es in der Psychologie und den angrenzenden Wissenschaften verschiedene Modellvorstellungen, die zum Teil kontrovers diskutiert werden. Hier soll nun ein aktuelles Modell vorgestellt werden, das als Grundlage für die Konzepte *Belastung und Beanspruchung* dient. Die Entwicklungen zu den Themen der Informationsverarbeitungstheorien fasste Hussy (1998) mit seinem *Rahmenmodell zur elementaren und komplexen menschlichern Informationsverarbeitung* (MEKIV) zusammen. Der Mensch wird hierbei als System betrachtet, das aus der Umwelt Informationen aufnimmt, sie verarbeitet und wieder an die Umwelt abgibt. Im Mittelpunkt steht die Beschreibung der Prozesse der Informationsverarbeitung. Das menschliche System ist durch die Sinnesorgane (SO) und die Motorik (MO) mit seiner Umwelt verbunden. Die Sinnesorgane setzen die einströmenden physikalischen Umweltreize in neuronale Erregungsformen um, die der weiteren Verarbeitung zugeführt werden. Durch die Motorik werden die Ergebnisse der internen Prozesse über automatisiertes und kontrolliertes Verhalten an die Umwelt weitergegeben. Diese beiden Randelemente (SO und MO) bilden die Schnittstellen mit der Umwelt. Die internen Systemelemente sind durch ihre verschiedenen Speicher und Verarbeitungsfunktionen gekennzeichnet. Im sensorischen Register (SR) werden die umgewandelten Informationen aus den Sinnesorganen je nach Art des Kanals für sehr kurze Zeit komplett gespeichert. Die hier befindlichen Informationen werden als Icone bezeichnet, denen in einem nächsten Verarbeitungsschritt im Langzeitgedächtnis (LG) Bedeutungen zugeordnet werden können. Sobald die Informationen mit Bedeutung angereichert sind, werden sie Perzepte genannt. Im Langzeitgedächtnis werden die Perzepte vermutlich unbefristet gespeichert. Prinzipiell können die Perzepte jederzeit abgerufen und weiterverarbeitet werden. Abruf- oder Erinnerungsblockaden führen allerdings im Alltag dazu, dass viele Informationen aus der Vergangenheit nicht oder nicht immer abgerufen werden können.

Das LG besitzt Unterstrukturen, die verschiedene Funktionen wahrnehmen. In der epistemischen Struktur (ES) wird reines Faktenwissen gespeichert. Die heuristische Struktur (HS) ist der Sitz des Veränderungswissens und mit Hilfe der evaluativen Struktur (EVS) können durchgeführte Prozesse überprüft werden. Im Arbeitsgedächtnis (AG) und Kurzzeitspeicher (KS) werden die momentan bewussten Informationsausschnitte repräsentiert und können kontrolliert weiterbearbeitet werden. Sechs bis neun Informationseinheiten können dabei 15 bis 30 Sekunden lang bewusst gehalten werden. Gesteuert und kontrolliert werden die Prozesse durch den zentralen Prozessor (ZP). Er aktiviert die einzelnen Strukturen des Langzeitspeichers und kombiniert sie mit den Abläufen im Arbeitsgedächtnis und Kurzzeitspeicher. Die kontrollierte und komplexe Informationsverarbeitung läuft sequentiell ab. Automatisierte Prozesse dagegen verlaufen parallel, ohne Aufmerksamkeitszuwendung und dementsprechend auch ohne Verarbeitungskapazität zu binden, ab und sind nicht auf den ZP angewiesen. Auslöser für eine Aufmerksamkeitszuwendung sind interne oder externe Reize (Thiel, 1999). Im motorischen Programmspeicher (MPS), der unmittelbar vor der Motorik angesiedelt ist, sind die angeborenen und erlernten Bewegungsmuster und -abläufe lokalisiert, die an die Motorik weitergegeben werden.

Im Gegensatz zu dem „early selection model" von Broadbent (1958) stellt ME-KIV ein „late selection modell" dar. Die Selektion der Informationen findet erst „.... nach dem Transfer" der Informationen in das Arbeitsgedächtnis durch die Aufmerksamkeitszuwendung" statt (Hussy 1998, S.63). Der Zentrale Prozessor steuert dabei die Aufmerksamkeitszuwendung für die Nutzung der verfügbaren Verarbeitungskapazität der mittelfristigen Speichermedien.

Wie oben dargestellt, liegt die Kapazitätsbegrenzung dieses Modells darin begründet, dass die mittelfristigen Speichermedien die Informationen nur in einer limitierten Menge und nur eine bestimmte Zeit zur Verfügung haben. Strömen zu viele Informationen in kurzer Zeit ein, verfallen die älteren Informationen.

Für die Messung der psychischen Beanspruchung ist bis jetzt kein direkter Indikator gefunden worden. Deshalb haben sich die indirekten Quantifizierungen der Belastung und Beanspruchung durchgesetzt. Nach der schematisierten Modellannahme der Informationsverarbeitung von Hering (1999) besteht eine Möglichkeit zu Erfassung darin, die kognitive Belastung beim Fahren mit Hilfe von Nebenaufgaben im Sinne des folgenden Modells zu erheben (vgl. Abbildung 2).

$$
\begin{array}{cl}
 & \text{Gesamtverarbeitungskapazität} \\
- & \text{Kapazität für die Nebenaufgabe} \\
\hline
= & \text{Kapazität für die Hauptaufgabe}
\end{array}
$$

Abbildung 2: Die Verteilung der Gesamtverarbeitungskapazität auf die Haupt- und Nebenaufgabe (Hering 1999, S. 83).

Diesem Modell von Hering liegt der Ansatz zugrunde, dass das Führen eines Fahrzeugs eine bestimmte Menge an Verarbeitungskapazität bindet, die je nach Situation und Persönlichkeit variiert. Die Menge an nicht benötigter Kapazität wird Restkapazität genannt. Wird nun die Restkapazität in einer Untersuchung durch eine Nebenaufgabe, die neben dem Autofahren erfüllt werden soll, in Anspruch genommen, so zeigt das Leistungsmaß der Nebenaufgabe, wie hoch die Belastung durch die Hauptaufgabe, das Führen des Fahrzeugs, ausfällt. Je besser die Leistung in der Nebenaufgabe, desto geringer die Belastung durch die Hauptaufgabe (vgl. Abbildung 3). Dabei sei allerdings auf die vielen intervenierenden Variablen, z. B. Kompensation, Vigilanz oder Motivation verwiesen.

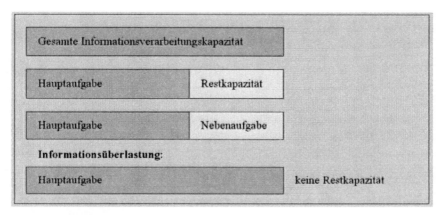

Abbildung 3: Der Zusammenhang von Informationsverarbeitungskapazität und Überlastung bei Mehrfachaufgaben, Hering (1999, S. 83).

Andere Autoren legen bei der Betrachtung der Belastung und Beanspruchung im Straßenverkehr andere Schwerpunkte:

Von *Belastungs- und Beanspruchungs-Prozessen*, die bei der Auseinandersetzung einer Person mit einer Aufgabe und den damit verbundenen Belastungen ablaufen sprechen Hoyos und Kastner (1986). Grundlegend gehen die Autoren von einer begrenzten psychophysischen Kapazität aus. Die Beanspruchung bewegt sich dabei zwischen den Polen Unter- und Überforderung, die in extremer Ausprägung jeweils als Fehlbeanspruchungen bezeichnet werden. Ihrer Meinung nach kann eine Unterforderung zu Deprivation, eine Überforderung zu Stress führen.

De Waard und Brookhuis (1997) beschreiben ein Spektrum unterschiedlicher Einflussfaktoren, die auf die Beanspruchung wirken. Sie nennen dabei die Befindlichkeit des Fahrers, aber auch externe Faktoren, wie den Einfluss von Alkohol oder Drogen. Sie nehmen Bezug zur Yerkes-Dodson-Regel und sehen das optimale Leistungsniveau bei einem mittleren Aktivationsniveau, das u. a. durch Variationen der Umweltbedingungen beeinflusst wird.

159

Nach dem Yerkes-Dodson-Gesetz besteht ein umgekehrt u-förmiger Zusammenhang zwischen dem Aktivationsniveau und der gezeigten Leistung. Eine mittlere Aktivation hängt mit der höheren Leistung zusammen,

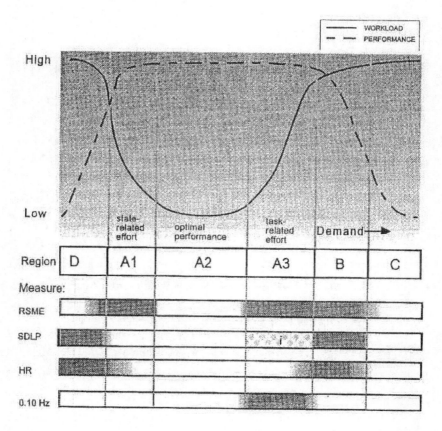

Abbildung 4: Der Zusammenhang zwischen Aufgaben- Anforderung, Beanspruchung und Leistung (De Waard & Brookhuis, 1997, S. 167).

wohingegen sehr hohe und sehr niedrige Aktivation mit einer verringerten Leistung einhergeht. Bei einfachen Aufgaben liegt das Leistungsoptimum bei einem höheren Aktivationsniveau als bei komplexeren Aufgaben bzw. Tätigkeiten. Zum Zusammenhang von Aufgaben-Anforderung, Beanspruchung und

Leistung wurde von De Waard und Brookhuis (1997) ein differenziertes Modell entwickelt. Damit lassen sich die unbefriedigenden unterschiedlichen Forschungsergebnisse zu Fragen der Belastung und Beanspruchung, die mit verschiedenen Messmethoden (z. B. subjektive / objektive Daten) erhoben wurden, zumindest teilweise erklären.

Im Teil D der Abbildung geht eine sehr hohe Beanspruchung mit einer sehr geringen Leistung einher, was als Überforderung bezeichnet wird. Fällt die zustandsbezogene Beanspruchung ab, kann die Leistung steigen (A1). Auf einem geringen Beanspruchungsniveau kann die optimale Leistung gehalten werden (A2). Ein erneuter Anstieg der Beanspruchung, diesmal z. B. durch eine erschwerte Aufgabe, kann durch mehr Anstrengung erst einmal kompensiert und das Leistungsniveau gehalten werden (A3). Übersteigt nun aber die Beanspruchung wieder einen bestimmten Punkt, fällt die Leistung wieder ab (C).

Nach diesen theoretischen Überlegungen wird nun auf die Möglichkeiten der Operationalisierung und Erfassung des Konstrukts *Belastung und Beanspruchung* eingegangen.

Methoden zur Erfassung von *Belastung und Beanspruchung*

Verschiedene Autoren (z. B. Küting 1976, Hering 1999) weisen darauf hin, dass bei der Untersuchung des Konstrukts *Beanspruchung des Kraftfahrers* verschiedene Beanspruchungsparameter gewählt werden können. Unterschieden wird zwischen *physiologischen, subjektiven und objektiven Messgrößen*. Wichtig ist es einen Parameter auszuwählen, der zur Fragestellung passt. In verschiedenen groß angelegten Untersuchungen und Forschungsreihen wurden gleichzeitig Daten zu verschiedenen Parametern aus den drei genannten Kategorien generiert. In diesen Untersuchungen wurden u. a. die verwendeten Forschungsmethoden evaluiert. Es zeigte sich, dass verschiedenen Autoren die Aussagekraft der einzelnen Parameter unterschiedlich bewerten.

Für viele Autoren lassen sich an den körperlichen Reaktionen der Probanden/innen die physischen Konsequenzen ablesen, die mit der Durchführung bestimmter Aufgaben einher gehen (vgl. De Waard & Brookhuis 1997; Hering, 1999; Küting, 1976).

Eine vergleichsweise einfach durchzuführende Methode unter den kardiologischen Parametern ist die Messung der *Herzfrequenz*. Hering (1999, S. 48) formuliert eine einfache Regel, nach der die momentane Beanspruchung umso größer ist, je höher die Herzrate ausfällt. Küting (1976) bezeichnet diesen Parameter als den brauchbarsten Beanspruchungsindikator in verkehrspsychologischen Untersuchungen. In der Literatur werden verschieden Verfahren zur praktischen Anwendung beschrieben (vgl. Echterhoff, 1979; Stephan et al., 2000; Reiter, 1976).

Dieser eindimensionale Parameter ist im Grunde einfach zu interpretieren. Allerdings muss nach Küting (1976) beachtet werden, dass allein schon durch die Experimentalsituation die Herzrate höher als der Ruhepuls liegt. Zudem reagiert die Herzrate in kurzen, sehr komplexen Verkehrssituationen eher träge und reduziert sich bis auf das Normalniveau eher langsam. Für die Untersuchungen von längeren Fahrten gibt Angermann (1987, zit. nach Hering 1999) zu bedenken, dass die Herzfrequenz durch die circadiane Rhythmik überlagert und konfundiert werden kann. Insgesamt wird der Einsatz dieses Indikators in neueren Untersuchungen widersprüchlich bewertet (vgl. Hering 1999, S. 49).

Die Messung der *elektrodermalen Aktivität* (EDA) wird als weiterer Indikator in der Literatur diskutiert. Dabei wird die galvanische Hautreaktion, auch Hautwiderstand genannt, gemessen. Eine verstärkte elektrodermale Aktivität ist gleichbedeutend mit einem verringerten Hautleitwiderstand und zeigt eine erhöhte Beanspruchung des Körpers an. In der Literaturübersicht von Hering (1999) zeigt sich, dass nicht alle Autoren diesen Indikator für geeignet halten (vgl. Echterhoff, 1979; Reiter, 1976).

In einzelnen Studien wurde die Messung weiterer physiologischer Maße beschrieben: cortikalen Hirnströme (EEG), Blutdruck, Flimmerverschmelzungsfrequenz, Atemtiefe, Spannung innervierter Muskeln (EMG), Cortisolmenge, mikromotorischer Tonus, sowie die Klopfdruckbestimmung bei Tapping-Aufgaben.

Auf der Verhaltensebene ist der Indikator der *Blickabwendung* zu nennen. Erhoben werden dabei die Dauer und Häufigkeit von Blickabwendungen weg vom Verkehrsgeschehen. Dieser Wert kann als direkter Indikator für die visuelle Belastung angesehen werden, die, z. B. durch ein Navigationssystem hervorgerufen wird. Daraus lassen sich auch Hinweise auf die Beeinflussung der Verkehrssicherheit ableiten.

Zur Messung des Fahrverhaltens wurden in vielen Studien *fahrzeugbezogene Parameter* ermittelt. Gemessen werden dabei Daten zur *Geschwindigkeit* bzw. *Geschwindigkeitsveränderung*, zu den *Lenkbewegungen* und zum *Bremsverhalten*.

Mit einem Messfahrzeug, das im Rahmen des Forschungsprogramms der Bundesanstalt für Straßenwesen (BASt) entwickelt wurde, können laut Echterhoff (1979) die Stellung des Gaspedals, die aufgewendete Kraft auf das Gaspedal, die positive und negative Längsbeschleunigung des Fahrzeugs (laterale Abweichung) sowie die Geschwindigkeit des Fahrzeugs gemessen werden.

Im Kölner Verfahren zur vergleichenden Erfassung der kognitiven Beanspruchung im Straßenverkehr wurden u. a. die laterale Abweichung, die Bremsreaktionszeit, die Bremsdauer und –häufigkeit sowie die Durchschnittsgeschwindigkeit ausgewertet (Stephan et al. 2000).

Die Lenkradbewegungen können in verschiedener Weise interpretiert werden. Zum einen wird die Menge der Lenkausschläge in der Geradeausfahrt ermittelt und aufsummiert. McLean und Hoffmann (1975, zit. nach Hering 1999) nennen die Anzahl der Richtungsänderungen des Lenkrads, also den Nulldurchgang des Lenkwinkels, als Indikator für die Aufgabenschwierigkeit bei Geradeausfahrten. Hering beschreibt die Ergebnisse einer Untersuchung von MacDonald & Hoffmann (1980). Danach ist kein linearer Zusammenhang zwischen Lenkvarianz und Aufgabenschwierigkeit zu beobachten. Vielmehr werden die schwächeren

Lenkradbewegungen bei hoher Aufgabenschwierigkeit als ein Ausdruck der Überlastung, die Aufgabe zu bewältigen, interpretiert. In den Untersuchungen von Echterhoff (1979) sowie Hoyos und Kastner (1986) führen in einer Faktorenanalyse allerdings die verschiedenen, zusammengesetzten Lenkvariablen zur höchsten Varianzaufklärung.

De Waard und Brookhuis (1997) verweisen auf häufig eingesetzte Messmethoden, die aus dem Lenkverhalten zu erschließen sind. Die gängigste Technik dabei ist SDLP (*standard deviation of lateral position*). Dabei wird durch Messinstrumente im Fahrzeug das Lenkverhalten, die Häufigkeitsmuster der Lenkwinkel und die Standardabweichung von der mittleren Lenkradposition errechnet. Diese Methode wurde u.a. eingesetzt, um die Auswirkungen von Drogen auf das Fahrverhalten festzustellen und scheint nach Aussage der Autoren ein sehr sensitiver Indikator für drogeninduzierte Sedierung zu sein. Im Zusammenhang mit anderen Aufgaben und verschieden komplexen Verkehrssituationen reagiert dieser Indikator allerdings nicht eindeutig. Die Variation der Geschwindigkeit, gemessen als *Standardabweichung der Geschwindigkeit* (SDSP), wird ebenfalls als Indikator verwendet.

Subjektive Selbsteinschätzungen sind ein weiteres Instrumentarium der Beanspruchungsforschung. In Interviews und Befragungen werden Daten zu den relevanten Indikatoren erhoben. Hering (1999) berichtet von der Anwendung verschiedener Fragebögen. Reiter (1976) und Fastenmeier (1995) lassen die subjektiv erlebte Belastung durch die Probanden skalieren. Rohmert et al. (1984) stellen einen Vergleich zwischen dem Eigenzustand und der subjektiv erlebten Beanspruchung im Prä-Post-Versuch auf. Als Untersuchungskonzepte werden: *Ermüdung, Monotonie, Sättigung* sowie *Stress* im Stressfragebogen (BMS) nach Plath und Richter (1984) genannt. Im „Erhebungsbogen zum körperlichen Wohlbefinden" werden subjektiv erlebte körperliche Beeinträchtigungen eruiert. Die eindimensionale Rating-Skala RSME (Rating Scale Mental Effort) von Zijlstra (1993) ist ein relativ einfach einzusetzendes Instrument für eine übergreifende Einschätzung von Anstrengung und Beanspruchung. Laut De Waard und Brookhuis (1997) erlauben dagegen mehrdimensionalen Skalen, wie z. B. NASA-TLX (Hart & Staveland, 1988) und SWAT (Reid & Nygren, 1988) differenziertere Aussagen über einzelne Dimensionen der Belastung und Beanspruchung.

Der methodenübergreifende Forschungsansatz K-Vebis (Kölner Verfahren zur vergleichenden Erfassung der kognitiven Beanspruchung im Straßenverkehr) (Stephan et al., 2000) wurde als Evaluationsinstrument entwickelt, mit dem eine Bewertung von Mensch-Maschine-Schnittstellen bezüglich ihrer Auswirkung auf die Fahrerbeanspruchung möglich gemacht werden soll. Das Messinstrumentarium soll den Einfluss von elektronischen Zusatzinstrumenten im Fahrzeug auf das Fahrverhalten und somit auf die Verkehrssicherheit untersuchen. Dabei wird eine Vielzahl an fahrzeugbezogenen, physiologischen, biografischen und subjektiven Parametern erhoben und ausgewertet. Zur Messung der mentalen Belastung wird das Doppelaufgabenparadigma mit einer visuellen Nebenaufgabe angewendet. Im Gegensatz zu vielen anderen Studien wird hier eine kombinierte Labor-Feld-Untersuchung durchgeführt und an einem Fahrsimulator im Labor individuelle Leistungs- und Beanspruchungsscores erhoben, die als Eichstichprobe auch in anschließenden Untersuchungen genutzt werden können. Diese Informationen werden mit den Daten, die im realen Straßenverkehr erhoben wurden, verglichen. In beiden Settings werden Situationen mit jeweils unterschiedlichem Schwierigkeitsgrad differenziert. Ein beispielhafter Untersuchungsgegenstand ist der Einsatz eines Navigationsgeräts im Stadtverkehr, bei dem aber keine relevante Erhöhung des Belastungsgrades im Vergleich zu den Werten ortkundiger Fahrer/innen, die als Kontrollgruppe dienten, gefunden werden konnten.

Im folgenden soll eine Studie beschrieben werden, die der TÜV-Rheinland 2002 durchgeführt hat.

Untersuchung zu den Auswirkungen des neu entwickelten *Adaptive Frontlight System* (AFS) auf das Fahrverhalten

Das schwenkbare Kurvenlicht AFS basiert auf herkömmlichen Halogen-Scheinwerfern, die mit einer stufenlos beweglichen Straßenausleuchtungsdynamik versehen sind. Diese Frontscheinwerfer werden in Abhängigkeit vom Lenkradeinschlag und der gefahrenen Geschwindigkeit bewegt und sollen somit zu einer besseren Ausleuchtung der Kurven führen. Die Hauptscheinwerfereinheiten sind jeweils an zwei Schrittmotoren, die eine Bewegung um 5° in der Vertikalen und bis zu 17° in der Horizontalen zulassen, gekoppelt. Innerhalb dieses Bewegungsspielraumes können die Scheinwerfer an die jeweilige Verkehrssituation angepasst werden. Gesteuert wird das gesamte System durch eine Software, die zu diesem Zweck die Daten der Lenkung und der Fahrgeschwindigkeit auswertet.

Zur Beurteilung dieses Systems findet eine standardisierte Untersuchung auf einer kurvenreichen, nichtöffentlichen Teststrecke statt. Bei den Testfahrten werden verschiedene fahrzeugbezogene Daten durch elektronische Messtechnik erhoben. Daneben haben die Probanden gleichzeitig zur Fahrt Nebenaufgaben zu erfüllen.

Ein Teil der Untersuchung bezieht sich direkt auf die mentale Belastung und Beanspruchung der Fahrzeugführenden bei der Fahrt mit dem Kurvenlicht. Die mentale Beanspruchung sollte dabei durch die Messung der Leistung in einer Nebenaufgabe gemessen werden. Als Nebenaufgabe dient die Erkennung eines Musters, das auf einem Display in einer Zufallsreihenfolge dargeboten wird.

Vor dem Hintergrund der bisherigen Darlegungen wird die Fragestellung näher spezifiziert. Bei der Evaluation der AFS-Scheinwerfer geht es um die Frage, ob die bessere Ausleuchtung der Kurven auf Landstraßen die Beanspruchung der Fahrenden reduziert und ob sich dieser Effekt verstärkt, wenn die gleiche Strecke mehrfach befahren wird.

166

Die erste und zweite theoretisch-inhaltliche Hypothese (TIH) lauten folglich:

TIH 1: Die mentale Beanspruchung bei Nachtfahrten auf Landstraßen ist bei vertrauten Strecken geringer als bei nicht vertrauten Strecken.

TIH 2: Die mentale Beanspruchung bei Nachtfahrten auf Landstraßen ist bei der Nutzung des AFS geringer als bei der Verwendung von herkömmlichen Halogenscheinwerfern.

Für den Wiederholungsfall – also die gleiche Strecke wird nochmals befahren – lautet die dritte theoretisch-inhaltliche Hypothese:

TIH 3: Die mentale Beanspruchung bei Nachtfahrten auf Landstraßen sinkt stärker ab, wenn beim nochmaligen Befahren der gleichen Strecke mit AFS statt mit Halogenlicht gefahren wird.

Die Prüfung der Hypothesen ist als Quasiexperiment angelegt. Die Probanden sind einer Experimentalgruppe bzw. einer Kontrollgruppe zugeordnet. Beide Gruppen fahren die Teststrecke zwei mal. Bei der Experimentalgruppe wird vor Beginn der zweiten Runde die Beleuchtung auf die AFS Technik umgestellt. Durch diese Messwiederholung können Lerneffekte, die bei zweimaligem Fahren der Strecke entstehen, kontrolliert werden.

Für diesen Teil der Untersuchung ist die AV als Leistungsmaß in der Nebenaufgabe operationalisiert. Die Nebenaufgabe besteht darin, ein dargebotenes Muster auf einem Diodendisplay, das im Sichtfeld des Fahrzeugführers zwischen Lenkrad und Windschutzscheibe angebracht ist, während der Fahrt zu erkennen. Die Probanden sollen einen am linken Zeigefinger fixierten Fingertaster betätigen, sobald sie das „richtige" Muster wahrgenommen hatten. Die Muster wurden in einer Zufallsreihenfolge nach einem definierten Algorithmus für die Häufigkeiten und Abstände dargeboten.

Bei dieser Tätigkeit sind folgende Entscheidungen möglich:

1. Quadrat korrekt erkannt (Treffer: Tr),
2. Falsches Zeichen als Quadrat behandelt (falscher Alarm: fA),
3. Distraktoren korrekt ausgelassen (korrekte Zurückweisung: kZ) und
4. Auf Quadrat nicht reagiert (Verpasser: Vp).

Aufgrund der ungleichen Häufigkeiten von Quadraten und Distraktoren und aufgrund der unterschiedlich häufigen Reaktionen durch die unterschiedlichen Rundenzeiten ergibt sich folgende Operationalisierung der Leistung in der Nebenaufgabe (LN):

$$LN = (1-((Tr+fA+kZ+Vp)-(Tr+kZ)/(Tr+fA+kZ+Vp)))*100.$$

Bei komplett korrekter Bearbeitung der Nebenaufgabe resultiert der Maximalwert von LN=100% , bei komplett fehlerhafter Bearbeitung Minimalwert von LN=0%.

Als weitere fahrzeugbezogene abhängige Variablen in der Hauptaufgabe werden die Rundenzeit, Geschwindigkeit und Lenkwinkel operationalisiert. Zum Abschluss der Untersuchung wird noch eine Notfallsituation mit einem Dummy simuliert, die hier aber nicht näher besprochen werden soll.

Der Untersuchung liegt ein zweifaktorieller, vollständig gekreuzter, unbalancierter und nonorthogonaler Versuchsplan zugrunde (vgl. Tabelle 1).

Tabelle 1

Versuchsplan

UV A: Runde	UV B: Art der Beleuchtung	
	Experimental-gruppe	Kontrollgruppe
1	ohne AFS	ohne AFS
2	mit AFS	ohne AFS

Die gefahrene Runde bildet die UV A mit den Stufen A_1 für Runde 1 und A_2 für Runde 2. Nachdem auf diesem Faktor Messwiederholung vorliegt, handelt es sich um einen quasiexperimentellen Faktor. Die Art der Beleuchtung stellt die UV B dar. In der Stufe B_1 unterscheiden sich die Experimental- und Kontrollgruppe nicht (beide Gruppen fahren die erste Runde ohne AFS). In der Stufe B_2 fährt die Experimentalgruppe mit AFS, die Kontrollgruppe weiterhin ohne AFS. Durch die parallelisierte Zuordnung der Vpn zu diesen Stufen ist auch der Faktor B quasiexperimentell.

In Anlehnung an die zuvor besprochenen theoretischen Überlegungen lauten die empirisch-inhaltlichen Hypothesen (EIH):

EIH 1: Die Leistung in der Nebenaufgabe bei Nachtfahrten steigt, wenn die gleiche Strecke ein zweites Mal gefahren wird.

EIH 2: Die Leistung in der Nebenaufgabe bei Nachtfahrten steigt, wenn das Fahrzeug mit AFS-Licht ausgerüstet ist.

EIH 3: Die Leistungssteigerung in der Nebenaufgabe bei Nachtfahrten auf einer bekannten Strecke mit dem AFS ist größer, als mit herkömmlichem statischen Halogenlicht.

Die daraus abgeleiteten statistischen Vorhersagen lauten:

SV 1: Die Mittelwerte der Leistung in der Nebenaufgabe steigen, wenn eine Strecke ein zweites Mal gefahren wird. Formal: $\mu_{A1} < \mu_{A2}$.

SV 2: Die Mittelwerte der Leistung in der Nebenaufgabe sind größer, wenn das Fahrzeug mit AFS-Licht ausgerüstet ist. Formal: $\mu_{A2B1} > \mu_{A2B2}$.

SV 3: Die Mittelwerte der Leistung in der Nebenaufgabe steigen stärker, wenn beim wiederholten Befahren einer Strecke mit AFS gefahren wird, als wenn mit herkömmlichem statischen Halogenlicht gefahren wird. Formal: $(\mu_{A2B1} - \mu_{A1B1}) < (\mu_{A2B2} - \mu_{A1B2})$.

Da die Untersuchung als verdeckter Versuch angelegt ist und es keine Hinweise auf das Thema Lichttechnik geben soll, werden die Versuchspersonen mit Hilfe einer Anzeige in einer Tageszeitung für eine Testfahrt zum Thema Müdigkeit rekrutiert. Die Stichprobe wurde nach ausgeglichenen Quoten für Geschlecht und Alter ausgewählt. Um mögliche „Raser/innen" sowie „übervorsichtige Fahrer/innen" schon im Vorfeld identifizieren und ausschließen zu können, wurde in einem Telefoninterview während der Probandenrekrutierung eine Befragung zur „Auslebenstendenz im Straßenverkehr" durchgeführt. Es erfolgt eine parallelisierte Zuordnung der Probanden zur Experimental- und Kontrollgruppe anhand der Ergebnisse in diesem Fragebogen. Der Altersdurchschnitt liegt in der Experimentalgruppe bei 37,9 Jahre, in der Kontrollgruppe bei 37,0 Jahren. Die Verteilungen sind aus den Abbildungen 5 und 6 zu entnehmen,

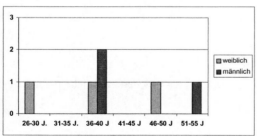

Abbildung 5: Altersverteilung in der Experimentalgruppe (n=7)

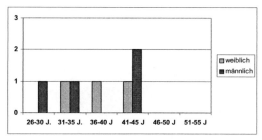

Abbildung. 6: Altersverteilung in der Kontrollgruppe (n=6)

Als Teststrecke wird ein kurviger Rundkurs - der sogenannte „Handlingkurs" - auf dem ATP-Teststreckengelände in Papenburg (Niedersachsen) gewählt (Abbildung 7). Das Testgelände ist unbeleuchtet und störende Einflüsse anderer Testfahrzeuge konnten durch Exklusivnutzung der Teststrecke ausgeschlossen werden. Start- und Zielpunkt der Testfahrten liegen jeweils auf einem Parkplatz, der sich direkt neben der Teststrecke befindet.

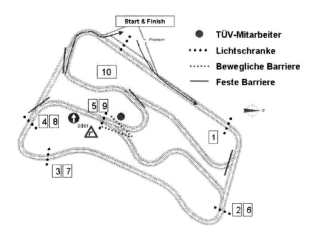

Abbildung 7: Grundriss der ATP Teststrecke in Papenburg

Für die Untersuchung markieren Pylonen sogenannte Gassen sowie eine Start- und Ziellinie auf der Parkplatzfläche, damit alle Fahrenden die gleiche Streckenlänge absolvieren. Die Teststrecke ist so gestaltet, dass möglichst viele Kurven zu fahren sind. In Abbildung 7 ist die Teststrecke mit den dauerhaften Barrieren, den variable Barrieren, die durch Mitarbeiter in jeder Runde versetzt werden, Lichtschranken mit Nummern und der Standort eines Versuchsleiters dargestellt. Über die Nummerierung der Lichtschranken lässt sich erkennen, dass die untere Schleife des Kurses zwei mal zu fahren ist.

Als Testfahrzeug dient ein Scoda Octavia, der mit Messtechnik, einem extra Display und einem Fingertaster für die Nebenaufgabe ausgestattet ist. Das 90 x 50 x 20mm große Display mit den 9 Leuchtdioden ist im Sichtfeld der Fahrenden an der Windschutzscheibe direkt hinter dem Lenkrad montiert. Durch computergesteuerte Aktivierung einzelner Leuchten werden verschiedene Muster nach einem programmierten Algorithmus dargeboten. Die Messtechnik zeichnet jede Betätigung des Tasters mit einem Zeitstempel auf. Mit Hilfe von elektronischer Aufzeichnungstechnik (CAN-BUS) und einem Computer im Fahrzeug werden in jeder hundertstel Sekunde die Geschwindigkeit und der Lenkwinkel aufgezeichnet.

Die Teststrecke ist durch Lichtschranken, die jeweils vor einer Kurve positioniert sind, in einzelne Segmente aufgeteilt. Durch die Kennzeichnung der Lichtschranken auf den Datenblättern der Nebenaufgabe und den Zeitstempeln bei den Canbus-Daten ist es möglich, einen Bezug zwischen den fahrzeugbezogenen Daten, den Leistungen in der Erledigung der Nebenaufgabe und den einzelnen Streckenabschnitten herzustellen.

Für die Vorversuche ist eine Nacht eingeplant. Auf Grund eines starken Gewitters können in dieser Nacht allerdings keine Testfahrten durchgeführt werden, weil damit zu rechnen ist, dass sich die Holzbefestigungen der Lichtschranken verziehen und deshalb die Lichtschranken ausfallen. Aus diesem Grund wird die Hauptuntersuchung ohne Voruntersuchung gestartet.

Die Fahrten finden nachts zwischen 22:30 Uhr und 5:00 Uhr morgens statt. In einem Vorabfragebogen wird der Grad der momentan subjektiv erlebten Müdigkeitsausprägung erhoben. Nach einer kurzen Einweisung im stehenden Fahrzeug fahren die Probanden eine 5 km lange - ebenfalls landstraßenähnliche - Strecke außerhalb der eigentlichen Teststrecke in Begleitung der Versuchleiterin, um sich mit dem Fahrzeug und dem Fingertaster vertraut zu machen. Bei den eigentlichen Testfahrten sitzen die Probanden allein im Fahrzeug und haben die Anweisung, die Strecke in einem für sie angemessenen Tempo zu fahren. Sie werden darauf hingewiesen, dass es in diesem Versuch nicht darum geht, die Strecke in einer kurzen Zeit zu bewältigen. Die Messungen der Gesamtrundenzeiten finden jeweils am Start- und Zielpunkt auf dem Parkplatz neben der eigentlichen Teststrecke statt. Die Uhrzeiten, zu der die Mitglieder der Experimental- und der Kontrollgruppe fahren, sind randomisiert, ebenso sind Männer und Frauen randomisiert den Startzeiten zugeordnet.

Die Testhypothesen werden mittels t-Test für abhängige (Hypothese 1) bzw. unabhängige Stichproben (Hypothesen 2 und 3) auf dem 5% Signifikanzniveau überprüft. Als abhängige Variable wird das beschriebene LN (Leistung in der Nebenaufgabe) eingesetzt.

Hypothese 1:

Das Testhypothesenpaar zu dieser Hypothese lautet:

H_1: $\mu_{A1} > \mu_{A2}$,

H_0: $\mu_{A1} \leq \mu_{A2}$.

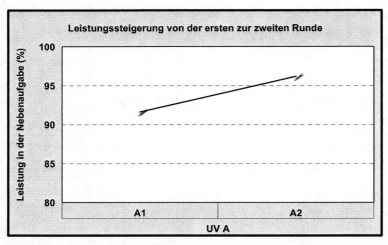

Abbildung 8: Die Leistungssteigerung von der ersten zur zweiten Runde in der Nebenaufgabe
(n=13; beide Gruppen berücksichtigt).

Die Ergebnisse sind in Abbildung 8 dargestellt. Es ist eine deutliche Leistungssteigerung von der ersten (91,6 %) zur zweiten Runde (96,19 %) erkennbar. Ein
t-Test für abhängige Stichproben zeigt an, dass die H_1 statistisch nachgewiesen
werden konnte ($t = 3,38$, FG $= 12$, $p < 0,05$).

Hypothese 2:

Das Testhypothesenpaar zu dieser Hypothese lautet:

H_1: $\mu_{A2B1} > \mu_{A2B2}$,

H_0: $\mu_{A2B1} \leq \mu_{A2B2}$.

Die Ergebnisse sind in Abbildung 9 dargestellt. Es ist ein deutlicher Leistungsunterschied zwischen Experimental- und Kontrollgruppe erkennbar, allerdings
in der nicht postulierten Richtung. Ein t-Test für unabhängige Stichproben zeigt
an, dass dieser Unterschied sogar signifikant ist ($t = 2,38$, FG $= 11$, $p < 0,05$).

Die H_1 kann damit statistisch nicht nachgewiesen werden und die H_0 wird somit beibehalten.

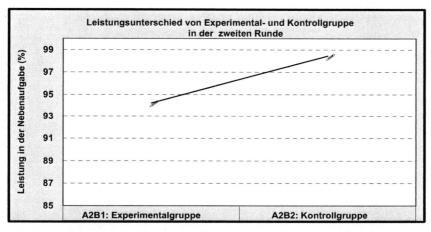

Abbildung 9: Der Leistungsvorteil der Kontrollgruppe im Vergleich zur Experimentalgruppe in der zweiten Runde.

Hypothese 3:

Das Testhypothesenpaar zu dieser Hypothese lautet:

H_1: $(\mu_{A2B1} - \mu_{A1B1}) < (\mu_{A2B2} - \mu_{A1B2})$, μ

H_0: $(\mu_{A2B1} - \mu_{A1B1}) \geq (\mu_{A2B2} - \mu_{A1B2})$.$\mu$

Die Ergebnisse sind in Abbildung 10 dargestellt. Der Leistungszuwachs von der ersten zur zweiten Runde ist für die Experimental- und Kontrollgruppe praktisch gleich groß (Diff$_{Ex}$ = 4,59, Diff$_{Kon}$ = 4,58). Ein t-Test für unabhängige Stichproben zeigt an, dass der geringe Unterschied nicht signifikant ist (t = 0,002, FG = 11, p > 0,05). Die H_1 kann damit statistisch nicht nachgewiesen werden und die H_0 wird somit beibehalten.

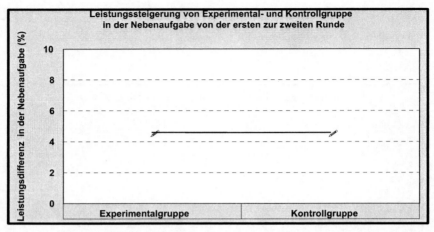

Abbildung 10: Beide Gruppen steigern ihre Leistung in der zweiten Runde etwa gleich stark.

Diskussion

Nun liegt die Vermutung nahe, dass ein möglicher Leistungsunterschied zwischen den Gruppen schon zu Beginn der Untersuchung besteht. Deshalb wird die Leistung der beiden Gruppen in der ersten Runde verglichen. Ein t-Test für unabhängige Stichproben zeigt an, das die Kontrollgruppe schon in der ersten Runde bessere Leistungen in der Nebenaufgabe vorweist (LN_{Ex} = 89,66, LN_{Kon} = 93,87), dieser Unterschied aber nicht signifikant ist (t = 1,23, FG = 11, p > 0.05). Abbildung 11 enthält die Ergebnisse.

176

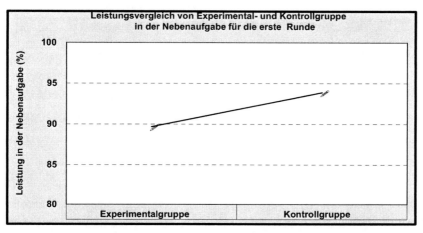

Abbildung 11: Leistungsunterschied zwischen den Gruppen in der ersten Runde.

Die Ergebnisse zeigen, dass die Belastung bei Nachtfahrten auf vertrauten Strecken geringer ist als auf neuen Strecken. Das gilt in gleicher Weise für Fahrzeuge mit Standardbeleuchtung als auch mit AFS-Beleuchtung. Dass die Verringerung der Belastung bei mit AFS-Licht ausgerüsteten Fahrzeugen nicht deutlicher ausfällt als bei herkömmlichen Fahrzeugen widerspricht der getroffenen Annahme. Auch das dritte Ergebnis, wonach die Fahrer mit herkömmlichen ausgerüsteten Fahrzeugen geringerer Belastung ausgesetzt sind (bessere Leistung in der Nebenaufgabe zeigen) als jene, deren Fahrzeuge mit AFS ausgerüstet sind, ist nicht hypothesenkonform.

Allerdings kann bezüglich des letzten Ergebnisses eingewendet werden, dass die Ausgangsunterschiede zwischen den beiden Gruppen in der ersten Runde wahrscheinlich ursächlich für den fehlenden hypothesenkonformen Effekt sind, doch bleiben bei einer zusätzlichen regressionsanalytischen Verrechnung der Ausgangsunterschiede die Vorteile zugunsten der Kontrollgruppe (ohne AFS-Licht) bestehen, wenngleich in einem geringeren Ausmaß.

Grenzen der Untersuchung

Wie kann man erklären, dass die doch so sinnvoll erscheinende technische Einrichtung des AFS-Lichts nicht die erwarteten Effekte zeigt? Zunächst müssen methodische Mängel der Untersuchung in Erwägung gezogen werden. So ist natürlich die Anzahl der Probanden zu klein. Vor allem aber hat der ausgefallene Vorversuch möglicherweise Auswirkungen, die sich auf die Ergebnisse niedergeschlagen haben. Betrachtet man die Abbildungen 8 bis 10, so fällt auf, dass die Leistungen in der Nebenaufgabe nahe bei 100% liegen. Dieser Sachverhalt spricht für einen *Deckeneffekt*, zumal in der Kontrollgruppe ein Pb tatsächlich die 100% erreichte, die Nebenaufgabe also fehlerfrei bearbeitete. Der Vorversuch hätte diese Schwäche aufdecken und eine Erschwerung der Nebenaufgabe mit sich bringen können.

Problematisch ist auch der Sachverhalt, das sich die Fahrer die Zeit nach eigener Maßgabe einteilen können. Vorausgesetzt die Fahrer der Kontrollgruppe wären langsamer gefahren als die Fahrer der Experimentalgruppe, dann könnte man das Ergebnismuster alternativ auch mit diesem Sachverhalt erklären. Im nächsten Schritt wäre also die gefahrene Zeit als Kovariate mit einzubeziehen.

Zu bedenken ist schließlich auch, dass der größte Nutzen des AFS-Lichts bei Nachtfahrten auf neuen Strecken zu erwarten ist, da dort die Anforderungen am größten sind. In der vorliegenden Untersuchung ist das AFS-Licht aber erst in der zweiten Runde zum Einsatz gekommen, also zu einem Zeitpunkt, als die Strecke schon etwas vertraut war.

Andererseits gibt es Argumente dafür, die Ergebnisse ein Stück weit ernst zu nehmen. Vielleicht bedarf es erst der Gewöhnung an die Neuerung. Es erscheint durchaus plausibel anzunehmen, dass beim ersten Kontakt mit dieser neuen Fahrzeugtechnik die Belastung sogar noch erhöht wird, weil erst die Gewöhnung an das neue Gesichtsfeld – gerade in der Kurve – erfolgen muss. Neuerungen erzeugen oft zunächst Unsicherheit, die dann ihrerseits die Belastung erhöhen und zu Minderleistungen in der Nebenaufgabe führen kann.

Schließlich ist an eine verfeinerte Analyse der aufgezeichneten Daten zu denken. Zwar handelt es sich bei der Teststrecke um einen kurvigen Kurs, aber dennoch überwiegen die Streckenanteile mit relativer Geradeausfahrt. Folglich sollten hinsichtlich der Nebenaufgabe jene Streckenanteile differenziert betrachtet werden, für welche das AFS-Licht speziell entwickelt wurde, nämlich die Kurven.

Insgesamt kann festgestellt werden, dass die Daten Aussagekraft besitzen, denn die plausible Hypothese der Belastungsreduktion bei einer Fahrtwiederholung kann voll bestätigt werden. Die Hypothesen bezüglich des AFS-Lichts kann nicht nachgewiesen werden. Interpretationen dazu wurden angeboten. Zudem darf nicht übersehen werden, dass diese Ergebnisse nicht bedeuten, dass das Gegenteil zutrifft, nämlich dass das herkömmliche Licht dem AFS-System überlegen ist. Sie bedeuten lediglich, dass wir die Nullhypothese (es gibt keinen Unterschied) bis auf Weiteres beibehalten.

Ausblick

Abschließend sollen ergänzend noch einige neuere Entwicklungen skizziert werden. Neben den Neuerungen im Bereich Lichttechnik zur Verbesserung der Sicht der Fahrerinnen und Fahrer gibt es auch eine Reihe von Assistenzsystemen, die durch den Einsatz von Sensoren die Fahrzeugführung unterstützen sollen.

In einer neuen Studie kommen Koornstraat et al. (2003) für das European Transport Safety Council zu dem Ergebnis, dass in Europa Verkehrsunfälle die häufigste Todesursache für Menschen unter 50 Jahren darstellen. Die EU hat sich deshalb vorgenommen, die Zahl der Verkehrstoten bis zum Jahr 2010 zu halbieren. Nachdem in den letzten Jahrzehnten vor allem die Sicherheit der Fahrzeuginsassen verbessert wurde, stehen nun Motorrad-, Moped-, Fahrradfahrer/innen und Fußgänger/innen - und somit das Verkehrgeschehen um das Fahrzeug herum - im Mittelpunkt der Entwicklungen.

Höver und Seubert (2003) berichten von einer Vielzahl von Assistenzsystemen, die mit unterschiedlicher Sensorentechnik und Datenverarbeitung auf Gefahren aufmerksam machen oder aktiv in die Fahrzeugführung eingreifen. Diese Art von Assistenzsystemen bestehen aus den genannten Sensoren, einer Hard- und Software-Komponente, die die eingehenden Daten verarbeitet und einer sogenannten Aktuatorik, die z. B. bei Gefahr Warntöne abgibt oder auch aktiv die Fahrzugführung beeinflusst.

Im folgenden sollen einige dieser Systeme vorgestellt werden.

Das *Adaptive Cruise Controll* (ACC) ist ein Geschwindigkeits- und Abstandsregler, der von 77GHz-Radar- oder Lidar- (Infrarot-Lichtlaufzeitmessung) Sensoren unterstützt wird, die das Geschehen bis zu 150 m vor dem Fahrzeug erfassen können. Diese Systeme sind bereits am Markt. Auf der Basis der eingehenden Sensordaten wird ein Fahrspurmodell kreiert und die für das Eigenfahrzeug relevanten Objekte herausgefiltert. Der Abstand und die Geschwindigkeit der vorausfahrenden Fahrzeuge werden so ermittelt. Die integrierte Regeltechnik legt daraufhin die optimale Geschwindigkeit fest. Die Lidar-Technik ist dem Radar bei schlechten Wetterbedingungen überlegen, weil mit ihr Nebel und Regen besser erkannt werden kann. Beim sog. „Blindflug" im Nebel schaltet sich das System von selbst ab und informiert den Fahrer darüber. Gleichzeitig wird das Fahrzeug langsam verzögert, bis der Fahrer die Längsführung selbst übernimmt.

Eine Weiterentwicklung der Lasersensorik stellt der *Alasca-Laserscanner* dar. Mit diesem System können ebenso verschiedene Objekte bezüglich ihres Typs, der Entfernung, der Geschwindigkeit und der Beschleunigung klassifiziert werden. Weitere Systemkomponenten können dann bei Bedarf in die Fahrzeugführung eingreifen. Es konnte nachgewiesen werden, dass dieses System in alle gängigen Fahrzeugtypen eingepasst und als Grundlage für verschiedene Assis-

tenzfunktionen dienen kann. Bereits realisierte oder zukünftige Einsatzmöglich-
keiten sind der Stauassistent als Stop & Go Funktion im Stau, die Einleitung einer automatischen Notbremsung bei unvermeidbaren Kollisionen (ANB), der
Precrash im Sinne einer Einleitung folgenminimierender Maßnahmen bei einer
Kollision, mit z. B. Gurtstraffung und die Vorkonditionierung des Airbags sowie
die Fußgängererkennung und die Einparkhilfe.

Die *24-GHz-Nahbereichssenorik* stellt einen optimalen Kompromiss zwischen
Kosten und technischen Notwendigkeiten für die Funktionen nahe am Fahrzeug,
wie z. B. die Einparkhilfe dar. In Europa ist diese Technik aber nicht zugelassen,
weil hierfür Sendefrequenzen in einer Bandbreite von einigen GHz benötigt
werden, was vom Gesetzgeber nicht zugelassen ist.

Der *Spurwechsel-Assistent* (SWA) erkennt mit Hilfe von Radarsensoren, die an
beiden Fahrzeugseiten installiert sind, Verkehrsteilnehmer und Objekte im
rückwärtigen und seitlichen Bereich des Eigenfahrzeugs. Der Fahrer wird bei
Überhol- und Seitenwechselvorgängen unterstützt, indem das System den Fahrer
mittels optischer oder akustischer Reize bei kritischen Situationen warnt. Für
eine zweite Generation dieser Applikation ist angedacht, die Haltekräfte im
Lenkrad durch eine elektrisch unterstützte Servolenkung zu erhöhen und so den
Fahrer zu warnen. Ein weiteres Ziel ist die Entwicklung eines Spurhalteassis-
tenten, der aktiv in die Längsführung eingreift.

Neben den laser- und radargestützten Sensoren haben sich auch bildverarbei-
tende Systeme durchgesetzt. Sie ermöglichen die Detektion von Objekten, die
mit den anderen Sensoren nicht, oder nur schwer entdeckt werden können. Mit
dieser Technik kann z. B. die Fahrspurerkennung realisiert werden. Beim seitlichen Abkommen von der Fahrbahn, kann der Fahrer frühzeitig gewarnt werden.
Diese Funktion ist vor allem bei Müdigkeit und hoher Ablenkung sinnvoll. In
der ersten Generation benötigt das System aber deutlich sichtbare Fahrbahnmar-
kierungen und ist somit nur auf gut strukturierten Umgebungen, wie Autobah-

nen und Bundestrassen, einsatzfähig. Die ersten Systeme sind seit etwa zwei Jahren in Lastwagen im Einsatz.

Mit Hilfe einer *Rückfahrkamera* mit Weitwinkeloptik kann das Verkehrsgeschehen hinter dem Eigenfahrzeug aufgezeichnet und dem Fahrer beim Einlegen des Rückwärtsgangs über ein Display angezeigt werden. Rückwärtsfahren und Einparken werden somit erleichtert.

Bei Dunkelheit können *Nachtsichtkameras* die Wahrnehmung der Fahrerin und des Fahrers verbessern. Mit Infrarotkameras wird der Bereich vor dem Fahrzeug fernlichtartig mit Infrarotlicht ausgeleuchtet und das so gewonnene Graustufenbild dem Fahrer auf einem Display zur Verfügung gestellt. Da dieses Licht vom Menschen nicht wahrgenommen wird, entsteht keine Blendung. Deshalb ist es möglich, die Reichweite sehr viel weiter einzustellen, als bei normalem Abblend- oder Fernlicht. Der Vorteil liegt darin, dass der Fahrer deutlich früher Informationen über den Straßenverlauf oder Hindernisse erhält.

Für die Zukunft ist zu erwarten, dass durch Kombination verschiedener Sensoren eine bessere Informationsbereitstellung möglich wird, auf deren Grundlage immer mehr Systeme entwickelt werden, die aktiv in die Fahrzeugführung eingreifen. Bei den Entwicklungen sind aber eine Vielzahl an Aspekten der Mensch-Maschine-Schnittstellen, sowie haftungsrechtliche Fragen noch zu klären.

Literatur:

Broadbent, D.E. (1958). *Perception and communication.* London: Pergamon Press.

De Waard, D. & Brookhuis, K. A. (1997). On the measurement of driver mental workload. In M. Rothengatter (Hrsg.), *traffic and transport psychology,* (161-171). New York: Pergamon.

Echterhoff, W. (1979). Psychologische Erprobungsstudie mit dem Fahrerleistungsmessfahrzeug. *Forschungsbericht der Bundesanstalt für Straßenwesen,* Bergisch-Gladbach: Bundesanstalt für Straßenwesen.

Eckert, M. (1998). Der Einfluss der optischen Wahrnehmungssicherheit auf die Unfallentstehung. *Verkehrsunfall und Fahrzeugtechnik* 36, S. 64-68.

Eissing, Günter (1992). *Mentale Belastung: Möglichkeiten und Grenzen der Erfassung und Bewertung.* Institut für angewandte Arbeitswissenschaft e.V. Köln: Wirtschaftsverlag Bachem.

Hart, s. G. & Staveland, L.E. (1988). Development of the NASA task load index (TLX): Results of empirical and theoretical research. In P.A. Hancock & N. Meshkati (Hrsg.), *Human Mental workload,* S. 185-218. Amsterdam: North-Holland.

Hering, K. (1999). *Situationsabhängiges Verfahren zur standardisierten Messung der Beanspruchung im Straßenverkehr. Literaturübersicht und empirische Felduntersuchung.* Aachen: Shaker Verlag.

Hussy, W. (1998). *Denken und Problemlösen* (2. überarbeitete und erweiterte Auflage). Stuttgart: Kohlhammer.

Höver, N. & Seubert, T. (2003). Heutige Fahrerassistenz-Systeme und ihr Potenzial für die Zukunft. *ATZ Automobiltechnische Zeitschrift 10,* S. 956-964.

Hoyos, C. G. & Kastner, Michael (1986). Belastung und Beanspruchung von

Kraftfahrern. *Forschungsbericht der Bundesanstalt für Straßenwesen Heft 59.*
Bergisch-Gladbach: Bundesanstalt für Straßenwesen.

Koornstrat, M. et al. (2003). *Transport safety performance in the EU, a statistical overview.* Hostname: www.etsc.be Verzeichnis: stats.html [07.2003].

Küting, H. (1976). *Belastung und Beanspruchung des Kraftfahrers – Literaturübersicht.* Bergisch-Gladbach: Bundesanstalt für Straßenwesen, Bereich Unfallforschung.

Labahn, N. (2000). Vision-System zur Scheinwerfersteuerung. *System Partners 2000, Sonderausgabe der Automobiltechnischen Zeitschrift*, S. 34–37.

o.V. (1979). Der Mensch als Fahrzeugführer: Bewertungskriterien der Informationsbelastung – Visuelle und auditive Informationsübertragung im Vergleich. *Schriftenreihe der Forschungsvereinigung Automobiltechnik (FAT),* Nr. 12. Bergisch Gladbach: Bundesanstalt für Straßenwesen.

Plath, H.E. & Richter, P. (1984). *Ermüdung, Monotonie, Sättigung, Stress (BMS).* Göttingen: Hogrefe.

Reid, G.B. & Nygren, T.E. (1988). The subjective workload assessment technique. A scaling proceedurefor measuring mental workload. In P.A. Hancock & N. Meshkati (Hrsg.), *Human Mental workload,* S. 185-218. Amsterdam: North-Holland.

Reiter, K. (1976). *Die Beanspruchung des Kraftfahrers – Zum Problem ihres experimentellen Nachweises.* Unveröffentlichte Dissertation, Universität Trier.

Rohmert, W. (1984). Das Belastungs-Beanspruchungs-Konzept. *Zeitschrift für Arbeitswissenschaften 4,* 193-200.

Stephan, E., Hussy, W., Follmann, W., Hering, K., Klaffer, K,. Mutz, G. & Thiel, S. (2000). Kölner Verfahren zur vergleichenden Erfassung der kognitiven Beanspruchung im Straßenverkehr. *Frankfurt Forschungsvereinigung Automobiltechnik (FAT) 159.*

Stephan, E., Hussy, W., Follmann, W., Hering, K., & Thiel, S., (2000). Eichung und Anwendungserprobung von K-VEBIS. *Frankfurt Forschungsvereinigung Automobiltechnik (FAT) 160.*

Thiel, S. (1999). *Mentale Beanspruchungsmessung im Feld und Labor. Eine verkehrspsychologische Studie.* Unveröffentlichte Dissertation, Universität zu Köln.

Wördenweber, B., Lachmayer, R. & Witt, U. (1996). Intelligente Frontbeleuchtung. *ATZ Automobiltechnische Zeitschrift 98*, 546–551.

Zijlstra (1993). *Effenciy in work behavior. A design approach for modern tools.* Delft University of Technology.

WIRKSAME VERÄNDERUNGEN BEI ALKOHOLAUFFÄLLIGEN KRAFTFAHRERN MIT EINST HOHER BLUTALKOHOLKONZENTRATION (BAK)

Gerd Pfeiffer

Einleitung

STEPHAN hat 1984-86 die ‚Legalbewährung von nachgeschulten Alkoholersttätern in den ersten zwei Jahren unter Berücksichtigung ihrer BAK-Werte' untersucht. In der Zusammenfassung heißt es (1986), dass ..." die Kurse bei Personen mit einer BAK unter 2 Promille als erfolgreich zu bewerten (sind). Auch bei Kursteilnehmern (mit einer BAK) über 2 Promille erweisen sich die Kurse als... positiv wirksam".

Dieses Ergebnis diente als Beleg für die Wirksamkeit der Nachschulung.

Stephan hat 1988 die These aufgestellt, dass es sich bei allen Trunkenheitstätern mit BAK-Werten von 1,6 Promille und mehr um ‚fahrende Trinker' und nicht um trinkende Fahrer handelt. Diese Gruppe habe durch Trinktraining und Gewöhnung eine derart hohe Alkoholverträglichkeit erlangt, dass sie Alkohol und Fahren nicht mehr zu trennen wisse. Die zu fordernde Konsequenz heiße Abstinenz.

Stephan hat seine Forderung bis zum heutigen Tage verteidigt und in Veröffentlichungen und in gutachterlichen Stellungnahmen für Obere Gerichte (z.B. für das Schleswig-Holsteinische Oberverwaltungsgericht am 20.1.92) untermauert. Es ist für die Verwaltungsbehörden zur Richtlinie geworden, dass alle Trunkenheitstäter mit einer BAK von 1,6 Promille und mehr zur medizinisch-psychologischen Untersuchung gehen müssen, um zu klären, ob sie zu dem Personenkreis gehören, die abstinieren müssen.

Zwar wurde laute Kritik an Stephans Forderung geäußert, z.B. von medizinischer Seite durch SPAZIER (1995), der psychologisch ganzheitlich argumentiert, dass kein einzelner Kennwert, wie die Höhe der BAK, für sich allein genommen zu einer Diagnose oder zur Forderung von Abstinenz führen kann, sondern dass die ‚kontextuelle Auswertung' aller medizinisch-psychologischen Befunde, der Vorgeschichtsdaten, der persönlichen Umstände sowie der emotionalen und motivationalen Befindlichkeiten in ihrem zeitlichen Zusammenhang zu erfolgen habe.

Auch von Seiten der Gerichte wird bis in jüngste Zeit vorgetragen, dass die Höhe der BAK allein nicht ausreiche, um Abstinenz zu fordern (Bsp. OVG Saarland vom 6.3.2003).

Aber Stephans Position hat die Fachwelt bis zum heutigen Tage quasi in zwei Lager gespalten: In die Befürworter seiner These vom ‚fahrenden Trinker' mit zu fordernder Abstinenz und in die Gegner dieser Grundposition.

So findet man in den von Stephan und seinen MitarbeiterInnen erstellten Obergutachten in den Bundesländern Rheinland-Pfalz und NRW sehr konsequent die Empfehlung, dass Personen mit BAK-Werten von über 1,6 Promille eine sog. ‚zufriedene Abstinenz' anstreben sollten, in den meisten Fällen mithilfe der Suchtberatung und mit dem Beitritt zu einer Selbsthilfegruppe (SHG). 1989 hat Stephan einen Vorschlag für ‚Bedingte Eignung' unterbreitet, nach dem unter bestimmten Auflagen (z.B. Besuch der SHG und Nachuntersuchung) eine Art vorläufige Fahrerlaubnis erteilt werden könnte. Naturgemäß kann der Besuch einer SHG aber nicht zur Auflage gemacht werden.

Durchgängig ist festzustellen, dass für den besagten Personenkreis keine Empfehlung für eine Nachschulung gegeben wird. Wenn man davon ausgeht, dass ein Ziel von der sog. zufriedenen Abstinenz nicht kurzfristig zu erreichen ist, sondern Zeit braucht, wird diese Haltung verständlich. Die Nachschulungskurse nach § 70 FeVO sind kurzzeitige Therapien im Umfang von 14 – 26 Stunden. In dieser kurzen Zeit kann nicht verändert werden, was alkoholverträgliche Menschen im Laufe von Jahren an festen (Trink-) Gewohnheiten sich angeeignet haben.

Es sind somit zwei Ergebnisse in der langjährigen Tätigkeit von Stephan fest zu halten: Er hat empirisch heraus gefunden, dass (kurzfristige) Nachschulung auch bei Personen mit BAK-Werten von 2 Promille und mehr wirksam sein kann. Er hält sich indes an die eigene empirisch begründete Erfahrung, dass Personen mit BAK-Werten von mehr als 1,6 Promille abstinieren sollten. Dabei ist er sich der Unterscheidung zwischen Alkoholsüchtigen und Alkoholmissbrauch -Treibenden sehr wohl bewusst. Er spricht vom Bruch mit einem Tabu, dass auch Personen, die nicht alkoholabhängig sind, abstinieren sollen, wenn längerer Alkoholmissbrauch vorliegt. Dieser führe quasi zum Verlernen eines kontrollierten Umgangs mit Alkohol.

Fragestellung

Die Frage, die sich daraus ergibt, ist: Sind wirklich (nahezu) alle Trunkenheitstäter mit BAK-Werten von 1,6 Promille und mehr abstinenzbedürftig? Die Antwort auf diese Frage ist ein klares Nein. Das Nein ergibt sich indirekt schon aus der Tatsache, dass es für Personen mit hoher BAK (1,6 Promille und mehr) sehr oft Kursempfehlungen gibt. Unter den GutachterInnen in den Begutachtungsstellen für Fahreignung (BfF) gibt es sowohl Befürworter als auch Nichtbefürworter der Position von Stephan. Demzufolge kann es bei den einzelnen GutachterInnen zu weniger oder zu mehr Empfehlungen für eine Nachschulung kommen. Damit tut sich u.a. ein Problem für die untersuchten Probanden auf: Je nachdem, an wen sie als GutachterIn in der MPU geraten, ist die Empfehlung für eine Nachschulung wahrscheinlicher oder unwahrscheinlicher. Auf dieses Problem müsste an anderer Stelle einmal eingegangen werden.

Im vorliegenden Falle wurde untersucht, um welche Personen es sich handelt, die bei der medizinisch-psychologischen Untersuchung eine Empfehlung für eine Nachschulung erhalten haben. Handelt es sich bei Personen mit BAK-Werten von 1,6 Promille und mehr, die eine Kursempfehlung erhalten haben, etwa um Ausnahmen von der Regel, die Stephans Grundposition lediglich bestätigen? Oder ist das Etikett ‚fahrende Trinker' nicht (mehr) haltbar, weil die betreffenden Personen grundlegende Veränderungen in den Einstellungen und Haltungen und in ihren Trinkgewohnheiten vorgenommen haben oder vornehmen können?

Methodisches Vorgehen

Der Verfasser hat als approbierter Psychologischer Psychotherapeut und als ausgebildeter Moderator für die Nachschulung alkoholauffälliger Kraftfahrer nach dem ‚Modell Leer' Nachschulungskurse abgehalten. Dabei hat er untersuchte alkoholauffällige Kraftfahrer kennen gelernt, die von KollegeInnen die Empfehlung zur Nachschulung erhalten hatten. D.h. mit der MPU und mit der gegebenen Kursempfehlung für das nachstehend beschriebene Klientel hatte Verfasser nichts zu tun (Verf. kennt freilich auch die Tätigkeit als Gutachter).
Die folgende Studie hat Stichprobencharakter, weil sie Ausschnitte aus einem Gesamt kennzeichnet.
Einen ersten Eindruck gewinnt man, wenn man sich anschaut, wie viele Kursempfehlungen überhaupt gegeben werden. Rund 2/3 der untersuchten verkehrsauffälligen Kraftfahrer sind Trunkenheitstäter. In einer bestimmten BfF (X) entfielen allein im letzten Vierteljahr des Jahres 2002 (9/02 bis 12/02) auf N=417 alkoholauffällige Kraftfahrer/Innen N= 41 Kursempfehlungen. Tabelle 1 ergibt folgendes Bild:

Tabelle 1: Kursempfehlungen für alkoholauffällige Kraftfahrer/Innen im 4. Quartal 2002 (BfF X)

Einteilung nach Höhe der BAK	Probanden		Zahl der Kursempfehlungen	
	Männer	Frauen	Männer	Frauen
bis 1,0 Promille *)	48	2	9 (18,7%)	0
1,1 bis 1,5 Promille**)	66	5	7 (10,6%)	0
1,6 bis 2,0 Promille	152	15	23 (15,1%)	0
2,1 und mehr Promille	116	13	2 (1,7%)	0
N=	382	35	41	0

*) Die Untersuchten mit relativ niedriger Promillezahl (z.B. 0,54%o) sind entweder Mehrfach-Trunkenheitstäter mit jeweils relativ niedriger BAK oder Punktetäter mit Verkehrsverstößen in nüchternem Zustand, die zusätzlich noch eine Fahrt unter Alkoholeinfluß (Ordnungswidrigkeit) aufweisen - oder

**) Es sind oft Ersttäter/Innen, die eine Nachschulung anstreben, um bei Gericht die Abkürzung der Sperrfrist zu erreichen (Motto: Ich habe etwas getan, um künftig einen Rückfall zu vermeiden. Die Sperrfrist möge kurz bemessen werden).

Da die Frauen in dieser Stichprobe von insg. 417 Personen einen Anteil von 8,3% haben, fällt auf, dass für diese Frauen keine einzige Kursempfehlung gegeben wurde, wohingegen für die Männer in 10,7% der Fälle Kursempfehlungen gegeben worden sind. Die Frauen müssten der Erwartung und ihrem Anteil nach 3-4 Kursempfehlungen erhalten haben. Das würde auch der Beobachtung entsprechen, dass in einem Nachschulungskurs auf 10 Teilnehmer eine Frau als Teilnehmerin entfällt.

Prozentual ergibt sich:

- Auf 417 Untersuchte entfallen 10% (41) mit Kursempfehlungen .

- In den beiden ersten BAK-Klassen (bis 1,5%o) kommen auf 114 Männer 16 Kursempfehlungen = 14%.

- In den beiden höheren BAK-Klassen (bis über 2, 1%o) kommen auf 268 Männer 25 Kursempfehlungen = 9,3%.

- Allein in der dritten BAK-Klasse (1,6 – 2,0%o) kommen auf 152 Männer 23 Kursempfehlungen = 15%.

- Allein in der vierten BAK-Klasse (2,1 und mehr %o) kommen auf 116 Männer 2 Kursempfehlungen = 1,7%.

D.h. besonders die dritte Gruppe, die nach Stephans Kriterien abstinenzbedürftig ist, ist hoch interessant anzusehen, natürlich auch einzelne Teilnehmer aus der vierten Gruppe .

Kennzeichnung von nachgeschulten alkoholauffälligen KraftfahrerInnen anhand der <u>Analyse von Nachschulungskursen</u>

Der Verfasser hat die Unterlagen aus den letzten N=10 Nachschulungskursen nach Modell Leer gesichtet, die er als Moderator bis 2002 geleitet hat. Es ergibt sich folgendes Bild über die KursteilnehmerInnen:

Es sind N=83 Kursteilnehmer/Innen gewesen, für die, z.T. als Ersttrunkenheits-täterInnen, z.T. als MehrfachtrunkenheitstäterInnen, N=101 Trunkenheitsfahrten analysiert werden konnten. Denn es befanden sich N=18 MehrfachtrunkenheitstäterInnen in dieser Gruppe.

In den folgenden drei Tabellen werden die KursteilnehmerInnen (unabhängig von Alter und Geschlecht) eingeteilt nach der Höhe der BAK-Werte, nach Erst- und MehrfachtäterIn (Tabelle 2), nach den Trinkanlässen und –motiven (Tabelle 3) sowie nach der Art ihrer im Kurs erarbeiteten Lösungen für das Trennen von Alkohol und Fahren (Tabelle 4).

Tabelle 2 Untersuchte Kursteilnehmer / Innen aus 10 Nachschulungskursen

Kurs	Zahl der TeilnehmerInnen N=	Verteilung der BAK-Werte				ErsttrunkenheitstäterIn	Mehrfach-trunkenheitstäterIn / BAK
		<1,0	1,1-1,5	1,6-2,0	>2,1		
A	10	2	3	6	1	8	2 / 1,58%o, 1,98%o; 0,86%o, 1,67%o
B	9	1	8	1	1	7	2 / 1,0%o, 1,1%o; 1,2%o, 1,3%o
C	7	2	2	4	-	6	1 / 0,5%o, 0,9%o
D	8	1	3	4	1	7	1 / 1,6 %o, 0,3%o
E	6	1	3	2	-	6	-
F	6	4	1	4	1	2	4 / 0,6%o, 1,1%o; 1,0%o, 1,0%o, 1,0%o; 1,0%o, 2,2%o; 2,4%o, 1,2%0
G	10	1	7	3	-	9	1 / 1,3%o, 1,1%o
H	10	1	3	7	1	8	2 / 0,8%o, 1,3%o; 1,7%o, 1,6%o (Fahrrad)
I	8	2	3	5	1	5	3 / 1,1%o, 0,8%o; 1,3%o, 1,3%o; 1,3%o, 1,7%o
J	9	1	2	8	-	7	2 / 1,0%o, 1,2%o; 1,8%o, 1,7%o
	83	17	35	43	6	65	18

Tabelle 2 zeigt, dass die Höhe der BAK für sich genommen keinen Ausschlag dafür gibt, ob in der MPU eine Kurszuweisung zustande kommt oder nicht. Sowohl niedrigere BAK-Werte (bis 1,5%o) als auch höhere BAK-Werte (bis 2,0%o) ziehen Kurszuweisungen nach sich (N= 17+35= 51 versus N=43). Erst ab BAK-Werten von 2,1%o und mehr werden deutlich weniger Kurszuweisungen ausgesprochen (N= 6). D.h. ganz offensichtlich, dass die GutachterInnen bei vielen Probanden mit mittleren bis hohen BAK-Werten erwartungsvoll sind, dass die beiden Teilziele der Nachschulung nach Modell Leer, ‚Nüchterrn fahren' und ‚Weniger trinken', auch von Probanden mit hoher BAK erreicht werden können. In wenigen Einzelfällen (N= 6) wird diese Erwartung selbst noch bei Personen gehegt, die mit mehr als 2,1%o aufgefallen waren. Psychologisch ist dieses Ergebnis ein starkes Indiz für die Forderung nach der Würdigung der Gesamtpersönlichkeit im Einzelfall. Eine Einteilung oder Klassifizierung der begutachteten Personen nach der Höhe der BAK besagt noch nichts bezüglich der Frage, ob Abstinenz zu fordern ist oder ob ein kontrollierter Umgang mit Alkohol (neu) erlernt werden kann. Demzufolge ist die Annahme, dass Fahrer mit BAK-Werten von 1,6%o in aller Regel ,fahrende Trinker' seien, die abstinieren sollten, vorerst nur eine Arbeitshypothese für die MPU.

Tabelle 2 ist auch aufschlußreich im Hinblick auf die Mehrfachtrunkenheitstäter. Es sind dies in der vorliegenden Stichprobe 18 von 83 Kursteilnehmern / Innen. Auch sie sind sehr verschieden bzgl. der Höhe der BAK: Es gibt Personen mit beständiger BAK von 1,0/ 1,0 Promille. Es gibt Personen mit niedriger und hoher BAK: 0,8 / 1,6 Promille . Und es gibt Personen mit jeweils hoher BAK: 1,8/ 1,7 Promille. Auch hier läßt sich nicht ohne weiteres auf ,fahrende Trinker' schließen, allenfalls auf Gewohnheitstrinken. Das Gemeinsame für alle Kursteilmnehmer / Innen ist, dass ihnen mit der Kurszuweisung von fachlicher Seite attestiert worden war, daß sie zu einer Verhaltens- und Einstellungsänderung bereit sind bzw. gewisse positive Veränderungen bereits vor der MPU begonnen oder vollzogen hatten. Man kann auch sagen, dass ihnen Lern- und Veränderungsfähigkeit zugesprochen worden ist.

Tabelle 3 Trinkanlässe und –motive (ausgezählt nach Häufigkeit)

Kurs	Regelmäßiges Trinken in Vereinen, Klubs, gesell. Runden	Wiederkehrendes, geselliges Trinken (Geburtstags-Feiern, Party Jubiläen etc.)	situatives Trinken bei aufkommend. Glücks/Frustgefühl en wie Anstellung oder Kündigung bekommen	Problemtrinken, Partnerprobleme, finanzielle Probleme u.a.
A	1	5	1 / 3	2
B	5	2	2	2
C	4	3	1	1
D	3	1	4	-
E	3	3	1	-
F	2	6	2 / 1	1
G	6	4	1 / 1	1
H	5	1	4	2
I	3	4	2	2
J	5	3	3	-
	37	32	4 /21	11

Tabelle 3 zeigt eine Gleichverteilung derjenigen Trinkanlässe und –motive, die alltags- und lebensnah sind.

Zum einen spielen fest gewordene gesellige Anlässe, die sich wiederholen, eine Rolle.

Zum zweiten spielen situative, wiederkehrende Gegebenheiten und Trinkgelegenheiten eine Rolle, seien es geplante oder unvorhergesehene Anlässe, die größtenteils mit guter Stimmung einhergehen (Feiern, Partys etc) oder eine augenblicklich gute Stimmung erzeugen und zum Ausdruck bringen (Beförderung, feste Anstellung erhalten), die aber auch von guter in schlechte Stimmung überwechseln können (erst auf der Party ‚happy' sein, dann Streit mit der Freundin wegen einer Nichtigkeit bekommen und abhauen – in der Tab. bei G mit 1/1 signiert).

Zum dritten spielen Frustrationserlebnisse eine Rolle, die z.T. spontan/situativ auftreten können (Ärger über Chef oder Kollegen), die z.T. aber auch strukturelle Krisen beleuchten(wie Beziehungsprobleme, Trennung, Schulden u.dgl.).

Die letzte Kategorie ist weniger stark vertreten als die ersten beiden für geselliges Trinken stehenden Kategorien. Offensichtlich haben die Gutachter/Innen Personen mit sehr schweren persönlichen, beruflichen oder finanziellen Problemen, die öfter in der MPU anzutreffen sind, eher zur Langzeittherapie geraten als eine Kursempfehlung auszusprechen. Zumindest für die o.g. N= 11 schwereren Problemfälle kam jedoch noch eine Empfehlung für eine Kurzzeittherapie in Betracht.

Tabelle 4 Zweckdienliche Lösungen für das Trennen von Alkohol und Fahren

	Abstinenz	konkretes, konsequent erfolgtes Reduzieren/ Maßhalten im Alkoholkonsum	Nicht mehr durcheinandertrinken, kein Mischkonsum mit Drogen, nicht auf Restalkohol Trinken	soziales Umfeld verändert, Gespräche suchen, Absprachen treffen, Neinsagen gelernt, Schwächen zugeben	Fahrt vorab organisieren, öff. Verk.
A*)	1	3	3	4	-
B	-	3	2	4	-
C	-	3	2	2	2
D	-	1	3	5	2
E	-	1	1	3	2
F	-	2	-	4	5
G	-	3	5	2	-
H*)	-	2	2	5	6
I	-	3	3	5	2
J	-	2	4	5	-
	1	23	25	39	19

*) In den beiden Kursen A und H war je ein Teilnehmer, die beide gelegentlich noch größere Mengen an Alkohol zu sich nahmen. Auf beide treffen die Lösungsmöglichkeiten nur entfernt zu. Sie erschienen stark rückfallgefährdet, und die Zuweisung zum Kurs erschien im Nachhinein als unangebracht.

Tabelle 4 zeigt: Nur eine Person hatte sich für Abstinenz entschlossen. Es gab in einem anderen Kurs eine weitere Person mit Abstinenz. Sie hatte in der Nachbetreuungsphase, die über ein Jahr lief, bzgl. der Abstinenz (3mal) schriftlich sich geäußert. Es ging bei ihr um gesundheitliche Probleme. Unmittelbar vor der Abschlußsitzung verstarb diese Person.

Von den KursteilnehmerInnen wurden hauptsächlich drei Strategien herausgearbeitet, die als rückfallhindernd gelten:

1. Das soziale Umfeld und die eigene Person ändern. D.h. in der Regel den alten Bekanntenkreis zu verlassen, in dem früher viel getrunken wurde. Ferner Ge-

spräche suchen, z.B. bei Frust und Problemen, die früher mit sich alleine ausgemacht werden sollten. Und Absprachen treffen, ggf. Nein-sagen und eigene Schwächen zugeben, um sicher zu stellen, was zu tun oder zu lassen ist

Die Strategien 2 und 3 beziehen sich auf die Veränderung im Alkoholkonsum, d.h. die Trinkmengen bereits reduziert haben, Maßhalten, die Trinkmengen nachhalten und auch alkoholfreie Getränke konsumieren. Und nicht mehr durcheinander trinken, d.h. meistens keinen Schnaps mehr konsumieren, nur noch Bier oder Wein. Und nicht auf Restalkohol trinken (was bei entsprechender Reduzierung der Trinkmengen hinfällig wird).

Die letzte (4.) Strategie, die auch wichtig ist, heißt, das Fahren vorab zu organisieren. Entweder von vornherein das Auto beiseite lassen, öffentliche Verkehrsmittel und /oder Taxi benutzen sowie absprechen, wer fährt und als Fahrer nüchtern bleibt. Letztgenannte Strategie wurde vor allem von jüngeren Kursteilnehmern genannt, die Erfahrungen nach etlichen Diskothekenbesuchen und nächtlichen Polizeikontrollen hatten. Die älteren Kursteilnehmer sind demgegenüber diejenigen, die das Risiko eingegangen waren, relativ kurze Strecken von der Gaststätte oder Feier bis nach Hause gefahren zu sein.

Wirksamkeit der Kurse

Es gibt eine Nachbetreuungsphase von einem Jahr, in dem die Kursteilnehmer / Innen alle drei Monate angeschrieben und um Rückmeldungen gebeten werden. Sie berichteten von ihren Erfahrungen im (kontrollierten) Umgang mit Alkohol, von den Auswirkungen auf die soziale Umgebung (z.B. besseres Verhältnis zur Partnerin) und von ihren Erfahrungen, Alkohol und Fahren getrennt zu haben. Kein(e) TeilnehmerIn war – nach eigenen Angaben – erneut in alkoholbedingt fahruntüchtigem Zustand gefahren. Drei Teilnehmer hatten je eine Ordnungswidrigkeit begangen (z.B. zu schnelles Fahren). Da nach Kursteilnahme die Fahrerlaubnis neu erteilt worden war, gab es keinen Zwang, an der Nachbetreuung und an der Abschlusssitzung nach einem Jahr teilzunehmen. Durchschnittlich hatten 5-7 (von 10) TeilnehmerInnen eines

Kurses schriftliche Rückmeldungen gegeben, und es waren ca. 5 (von 10) Teilnehmern /Innen zur Abschlusssitzung erschienen. Dabei war interessant, dass diejenigen Teilnehmer / Innen, die 3mal Rückmeldungen gegeben hatten, in aller Regel auch diejenigen waren, die zur Abschlusssitzung kamen, aber es gab auch Ausnahmen, dass Kursteilnehmer nur eine oder gar keine Rückmeldung gegeben hatten und entgegen der Erwartung doch zur Abschlusssitzung kamen. Alle Rückmeldungen zeugten von der Akzeptanz der Kurse. Einige Teilnehmer gaben dem Moderator als Person positive, freundliche Rückmeldungen.

Fazit

Bei der Untersuchung und Begutachtung (MPU) alkoholauffälliger FahrerInnen kommt es auf die Erkundung an, ob die untersuchten Personen aus ihren Erfahrungen mit den negativen Folgen ihres Alkoholkonsums zu lernen und entsprechende Konsequenzen zu ziehen bereit und in der Lage sind. In der Regel bedeutet dies, von alten (Trink-) Gewohnheiten sich zu trennen, das Trinkverhalten zu verändern und zu kontrollieren und das eigene frühere Verhalten sich bewusst zu machen.

Erst nachgeordnet kommt es auf die Betrachtung der Höhe der BAK an, um zu entscheiden, ob eine Empfehlung für eine Nachschulung als kurzzeitige Maßnahme im Einzelfall in Betracht kommt, um wirksam für die Vermeidung eines Rückfalls zu sein.

Aus psychologischer Sicht dient die Nachschulung u.a. auch dazu, den guten Willen der untersuchten und begutachteten Personen auf Ziele hin auszurichten. Der von den Untersuchten oft geäußerte Satz ‚Es kommt doch allein auf den guten Willen an und den habe ich‘ taugt nicht, wenn damit nur der gute Vorsatz gemeint ist, nicht mehr nach Alkoholkonsum zu fahren. Personen, die nach MPU und Nachschulung noch viel trinken, laufen weiterhin Gefahr, ihre Alkoholverträglichkeit zu mehren und der Versuchung zum Fahren in alkoholbedingt fahruntüchtigem Zustand eines Tages wieder zu erliegen.

Es schließt sich der Kreis, den Stephan 1986 mit der Bestätigung über die Wirksamkeit der Nachschulung alkoholauffälliger Fahrer geöffnet hatte – auch wenn er in anderer Funktion als Obergutachter ein anderes Konzept vertritt: Die Nachschulung zu empfehlen, bedarf der Würdigung der jeweiligen Einzelperson und nicht einer Vorab-Klassifikation der Untersuchten nach Kategorien wie Höhe der BAK. Grundsätzlich bei allen alkoholauffälligen Fahrern, die Alkoholmissbrauch betrieben haben, Abstinenz zu verlangen, kann nur i. S. einer Idealnorm von Spezialprävention verstanden werden. Man könnte auch sagen, dass die Alkoholmissbrauch Treibenden so nacherzogen werden sollen, dass sie ihr Leben fortan ohne Alkohol gestalten sollten - wollen sie die Fahrerlaubnis noch einmal erteilt bekommen.

Die Wirksamkeit der Nachschulung ist jüngst von UTZELMANN für die Nachschulung alkoholauffälliger Fahranfänger nach Modell NAFA beschrieben worden: Während STEPHAN 1984 berichtet hatte, dass damals 31,6% der Fahranfänger (ohne Betreuung /Schulung) innerhalb der Probezeit von zwei Jahren alkoholauffällig geworden waren, sind es in 2000 nur 14,4% der nach Modell NAFA nachgeschulten Fahranfänger in zwei Jahren Beobachtungszeitraum gewesen.

Für Personen, bei denen es tatsächlich auf Abstinenz ankommt, gibt es von mehreren Anbietern Langzeittherapien, u.a. ein von Stephan mit konzipiertes Langzeittherapie-Modell A.L.F. (Alkoholfreies Leben und Fahren – und punktefrei bleiben).

Literatur

Bundesanstalt für Straßenwesen (BASt): Kurse für auffällige Kraftfahrer. Schlußbericht, Bd. 12, 1982

Stephan, E. (1988) Trunkenheitsdelikte im Verkehr und behandlungsbedürftige Alkoholkonsumenten. Suchtgefahren 34, 464-471

Ders. (1986) Die Legalbewährung von nachgeschulten Alkoholersttätern in den ersten zwei Jahren unter Berücksichtigung ihrer BAK-Werte. ZVS 32. Jg. Heft 1

Ders. (1989) ‚Bedingte Eignung'- eine Chance für die Verkehrssicherheit und den alkoholauffälligen Kraftfahrer II (Teil I in DAR 89, 1) – DAR 58. Jg., 4

Ders. (1993) Alkoholerkrankung und Alkoholabhängigkeit: „Unbestimmte naturwissenschaftliche Begriffe". NZV Heft 4

Ders. (1995) Eignung, 1,6 Promille-Grenze und Abstinenzforderung. DAR 64 (41-49)

Spazier, D. (1995) Gewöhnung-Mißbrauch-Abhängigkeit. DAR 64 (54-60)

Utzelmann, H.D. (2000) NAFA hat sich bewährt. Mitteilung in MPI-Standpunkte, Thema 7 Nachschulung alkoholauffälliger Fahranfänger. MPI der TÜV.